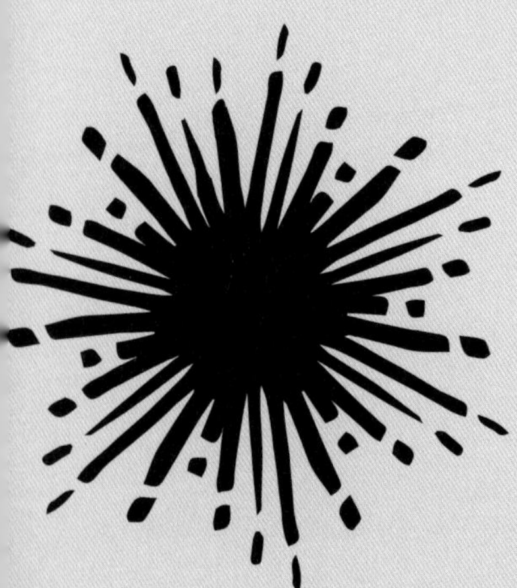

Fanny Mitula | Jasmin Konrad

Häkeln im Makramee Style

Die angesagte Trend-Optik nun auch zum Häkeln

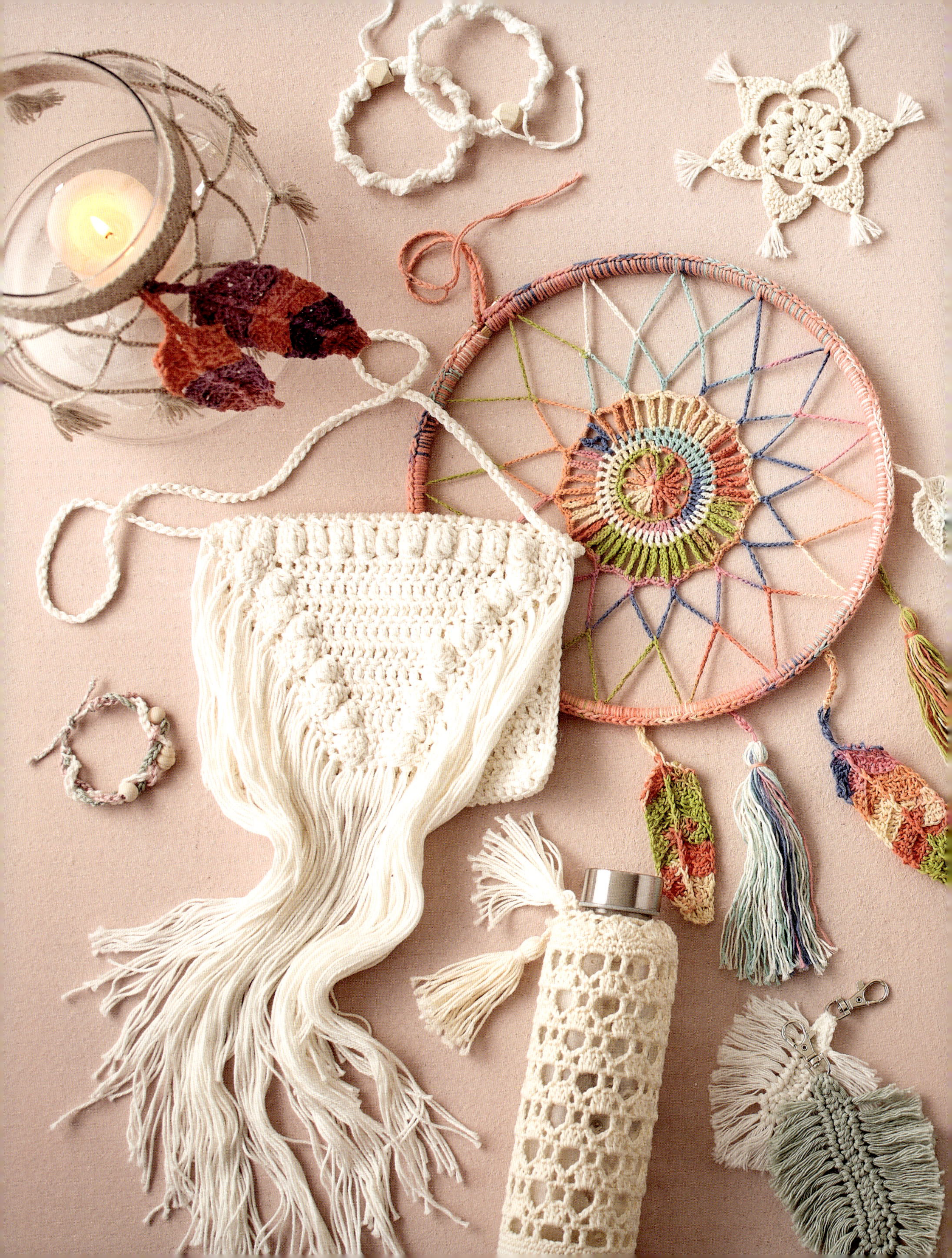

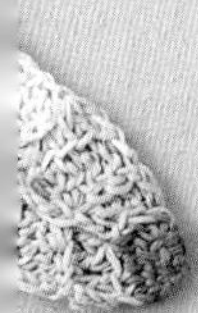

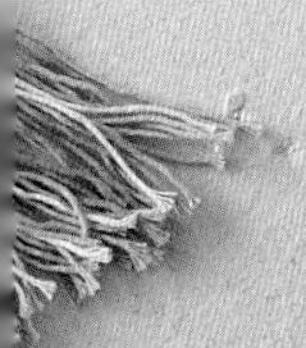

Der neue Makramee-Look ist ein toller Trend, der die Kreativ-Szene gerade in Atem hält. Ob Wandbehang, Blumenampel, Kissen, Taschen, Schlüsselanhänger und noch viel mehr, die Neuinterpretation der bekannten Technik hat die heimischen vier Wände und die Accessoires gekapert.

Dabei ist das Knüpfen der vielen Knoten nicht ganz so einfach. Der oder die Eine oder Andere hat ganz schön Respekt vor den verschiedenen Führungen der Schnüre, um zu einem tollen Ergebnis zu kommen.

Da wir aber trotzdem nicht auf die tolle Optik verzichten wollen, haben wir uns einen Weg überlegt, wie wir als Häkelfans diesen Makramee-Style umsetzen können.

Herausgekommen sind viele tolle neue Lieblingsstücke, die großartig aussehen und bereits viel Spaß beim Häkeln machen. Ob Schmuck und Accessoires, Deko- und Wohnideen oder schöne Kleinigkeiten für Winter und Weihnachten: In diesem Buch ist alles zu finden, was das Makramee-Herz begehrt – nur eben gehäkelt.

Ein passendes Plätzchen oder einen lieben Menschen zum Beschenken für die enthaltenen Modelle zu finden, ist bestimmt kein Problem und es kann losgehen mit dem ersten Makramee-Projekt aus diesem Buch. Wer die gängigen Grundmaschen beherrscht, sollte kein Problem haben, die Anleitungen nachzuarbeiten. Alle weiteren Spezialmaschen werden im anschließenden Grundkurs noch einmal erläutert.

Also nichts wie los und eine neue Häkel-Variante ausprobieren.

Fanny Jasmin

Schmuck & Accessoires

Deko- & Wohnideen

Winter & Weihnachten

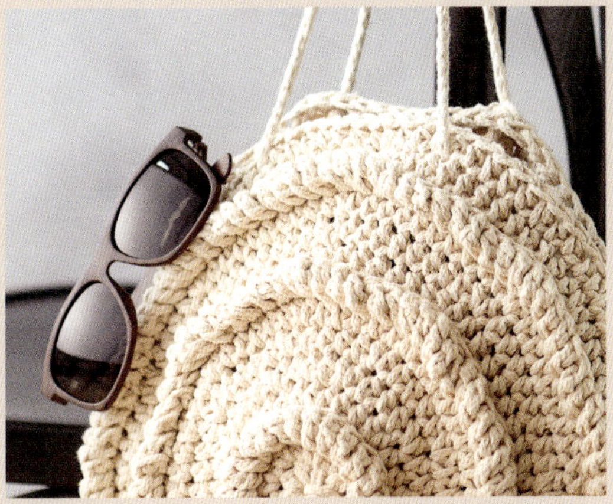

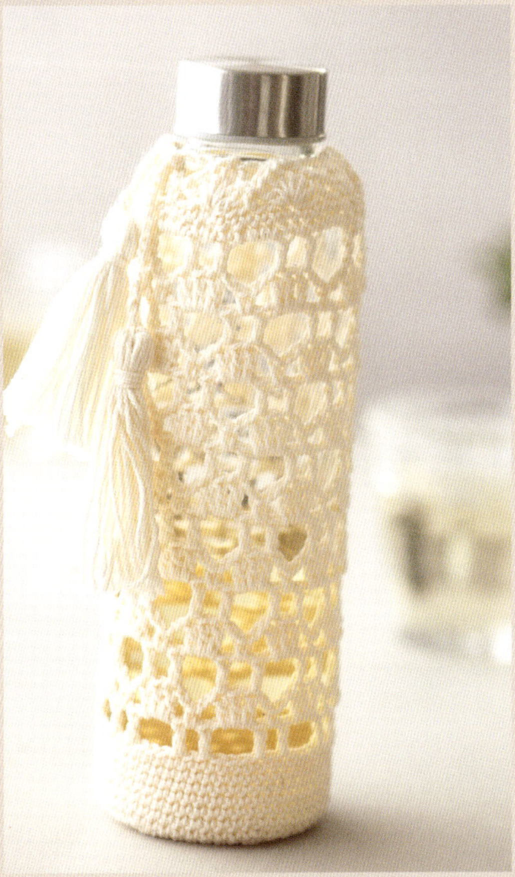

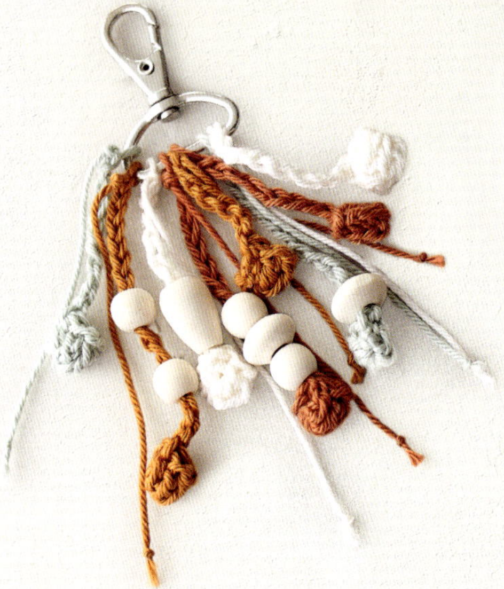

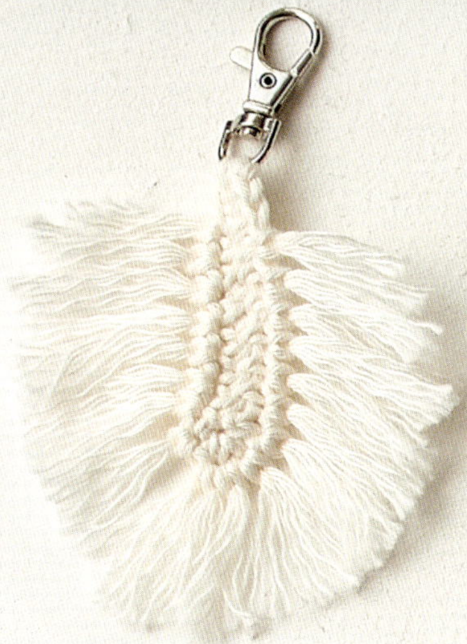

Schmuck & Accessoires

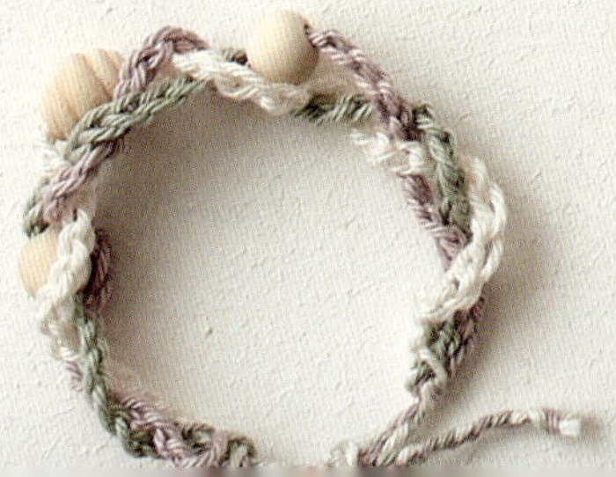

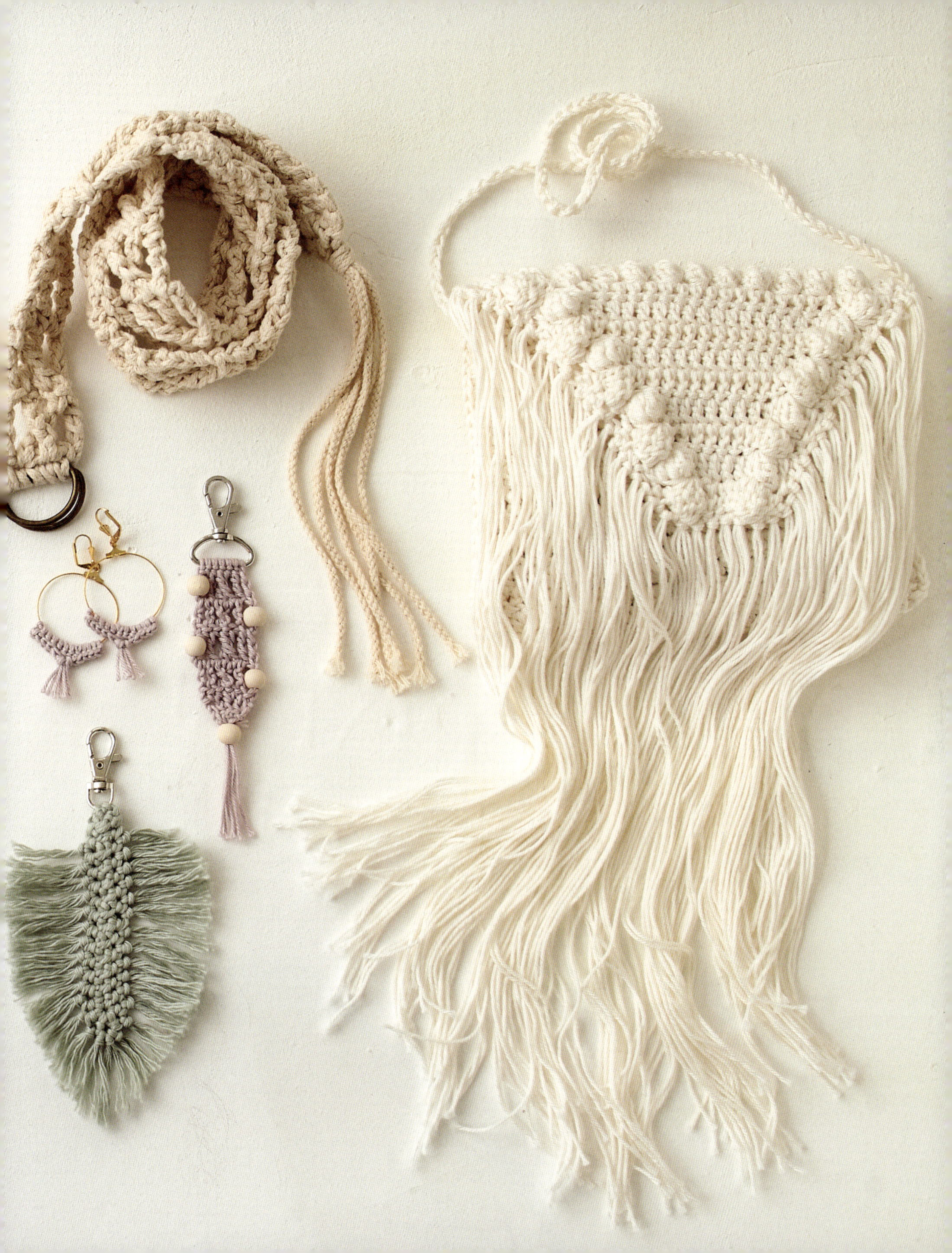

LOVESONG

Tasche mit Fransen

GRÖSSE

21 cm x 16 cm

MATERIAL

- Lana Grossa Cotone (LL 125 m/50 g) in Natur (Fb 28), 150 g
- Häkelnadel 4,5 mm
- Wollnadel

MASCHENPROBE

Stb mit Häkelnd 4,5 mm
15 M und 10 R = 10 cm x 10 cm

ANLEITUNG

Die Tasche wird in einem Stück gehäkelt.
Mit doppeltem Garn 28 Lm anschl. Weiter in R mit den angegebenen Steige-Lm häkeln.
1.-28. R: Jeweils 2 Steige-Lm, dann 28 Stb häkeln (= 29 M).
29. R: 2 Steige-Lm, 2 Stb zusammen abmaschen, 1 Stb, * 1 Büschelm (= 4 DStb in 1 M arb und zusammen abmaschen), 1 Stb, ab * noch 10x wdh. Enden mit 2 Stb zusammen abmaschen, 1 Stb (= 27 M).
30. R: 2 Steige-Lm mit 1 Stb zusammen abmaschen, 1 Büschelm, 19 Stb, 1 Büschelm, 2 Stb zusammen abmaschen (= 23 M).
31. R: 2 Steige-Lm mit 1 Stb zusammen abmaschen, 1 Büschelm, 17 Stb, 1 Büschelm, 2 Stb zusammen abmaschen (= 21 M).
32. R: 2 Steige-Lm mit 1 Stb zusammen abmaschen, 1 Büschelm, 15 Stb, 1 Büschelm, 2 Stb zusammen abmaschen (= 19 M).
33.-38. R: Nach diesem Schema weiter in jeder R 2 M abnehmen. Am Ende der 38. R (= 7 M).
Den Faden abschneiden, sichern und vernähen.

FERTIGSTELLEN

Das Häkelstück so zusammenfalten, dass eine Tasche mit Klappe entsteht und beginnend an einer unteren Ecke die Seiten von außen mit fM zusammenhäkeln, dann 120 Lm für den Träger häkeln und die 2. Seite genauso schließen. Rund um die Klappe Fransen von ca. 35 cm Länge einknöpfen und gleichmäßig abschneiden.

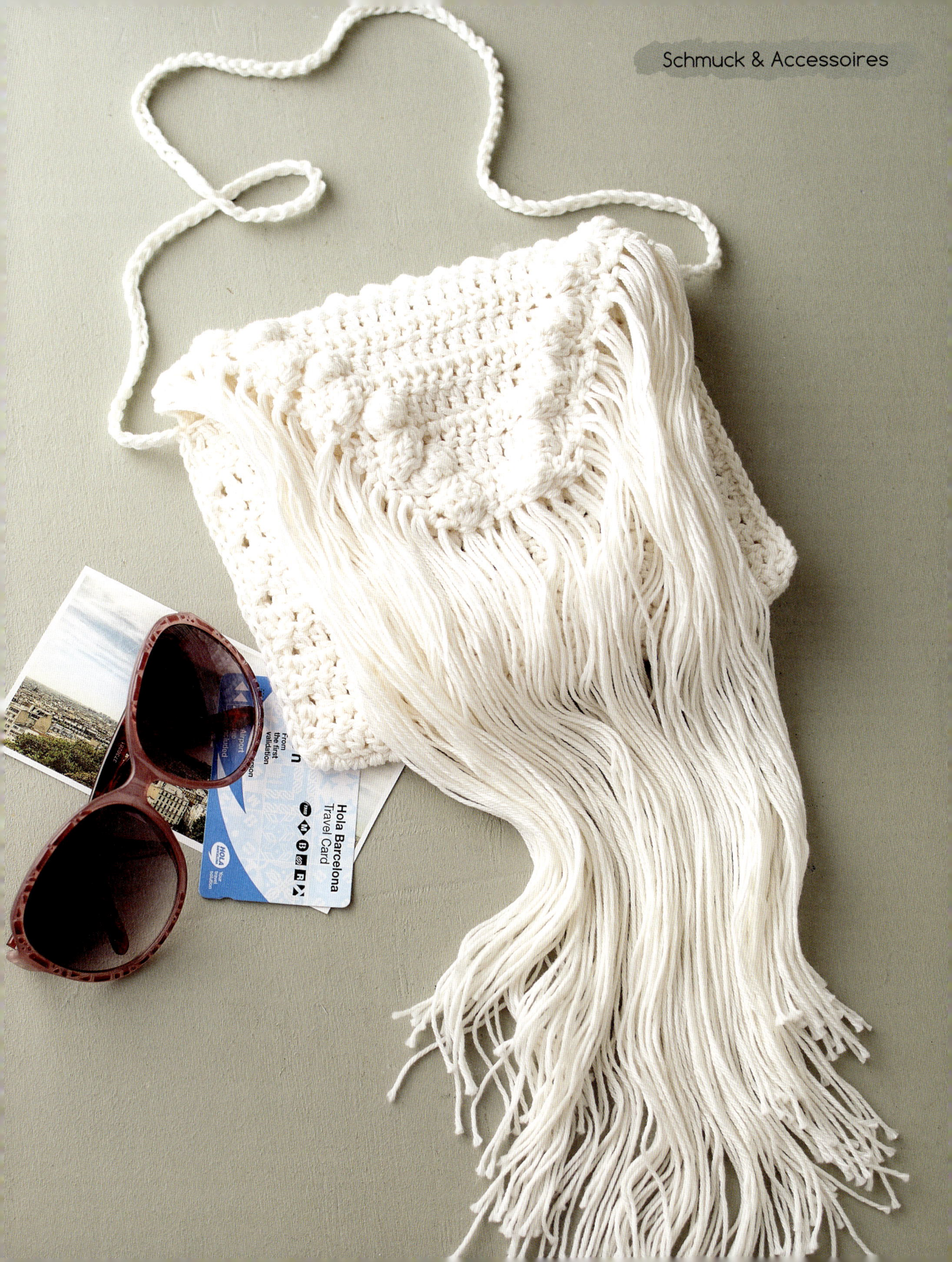
Hola Barcelona
Travel Card

SUNSHINE

Runde Tasche

GRÖSSE

ø ca. 34 cm

MATERIAL

- myboshi Makramee-Garn, 2 mm, geflochten (LL 100 m) in Natur, 3 Konen
- myboshi Makramee-Garn, 6 mm, geflochten (LL 100 m) in Natur, Rest
- Häkelnadel 6,0 mm
- Wollnadel

GEFALTETE FESTE MASCHE

Dafür die Nd in das hintere M-Glied des DStb und in das hintere M-Glied des dazugehörigen DStb der Vor-Rd einstechen. Den Faden holen, durch 2 Schlingen ziehen, Faden erneut holen und die letzten beiden Schlingen abmaschen.

ANLEITUNG

Es werden 2 Kreise gehäkelt, die zur Tasche verbunden werden. Dabei ist es wichtig, nicht zu fest zu häkeln.

VORDERSEITE

3 Lm anschl und mit 1 Km zum Ring schließen.

Weiter in geschlossenen Rd mit den angegebenen Steige-Lm häkeln.

1. Rd: 2 Lm (= 1. hStb), 7 hStb in den Ring häkeln. Mit 1 Km schließen (= 8 M).

2. Rd: 1 Lm, 1 fM in die M rechts vom Rd-Anfang, in jede M 2 hStb häkeln, 1 hStb in die letzte M, in der bereits die 1. fM drin ist. Mit 1 Km in das 1. hStb schließen (= 16 M).

3. Rd: 3 Lm, 1 Stb in das vordere M-Glied der M rechts vom Rd-Anfang, * 2 DStb in 1 vorderes M-Glied, 1 DStb in 1 vorderes M-Glied, ab * fortlaufend wdh. Das letzte DStb in 1 vorderes M-Glied, in der bereits 1 Stb drin ist, entfällt. Mit 1 Km in das 1. DStb schließen (= 24 M).

In der nächsten Rd gefaltete fM häkeln.

4. Rd: 24 gefaltete fM häkeln, dabei beachten, dass bei den 2 DStb, die zuvor in 1 M gearbeitet worden sind, auch beide hinteren M-Glieder der Vor-Rd für die gefalteten fM genutzt werden müssen. Mit 1 Km in die 1. gefaltete fM schließen.

5. Rd: 1 Lm, 1 fM in die M rechts vom Rd-Anfang, * 2 hStb in 1 M, 2 hStb, ab * fortlaufend wdh. Das letzte hStb in die M mit der fM entfällt. Mit 1 Km in das 1. hStb schließen (= 32 M).

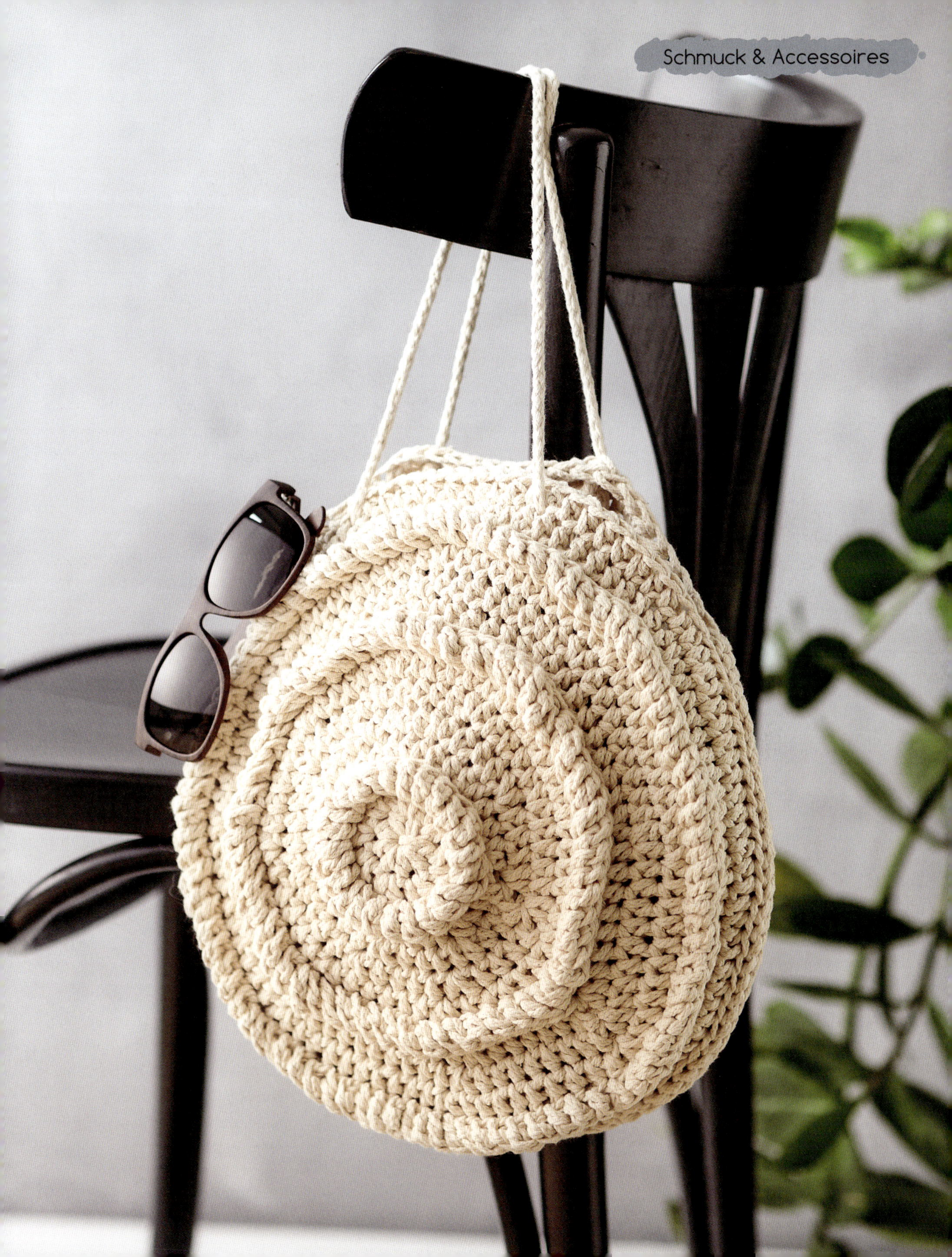

6. Rd: 1 Lm, 1 fM in die M rechts vom Rd-Anfang, * 2 hStb in 1 M, 3 hStb, ab * fortlaufend wdh. Das letzte hStb in die M mit der fM entfällt. Mit 1 Km in das 1. hStb schließen (= 40 M).
7. Rd: 1 Lm, 1 fM in die M rechts vom Rd-Anfang, * 2 hStb in 1 M, 4 hStb, ab * fortlaufend wdh. Das letzte hStb in die M mit der fM entfällt. Mit 1 Km in das 1. hStb schließen (= 48 M).
8. Rd: 1 Lm, 1 fM in die M rechts vom Rd-Anfang, * 2 hStb in 1 M, 5 hStb, ab * fortlaufend wdh. Das letzte hStb in die M mit der fM entfällt. Mit 1 Km in das 1. hStb schließen (= 56 M).
9. Rd: 3 Lm, 1 Stb in das vordere M-Glied der M rechts vom Rd-Anfang, * 2 DStb in das vordere M-Glied 1 M, 6 DStb in die vorderen M-Glieder, ab * fortlaufend wdh, das letzte DStb in das vordere M-Glied der M mit dem Stb entfällt. Mit 1 Km in das 1. DStb schließen (= 64 M).
10. Rd: 64 gefaltete fM häkeln.
11. Rd: 1 Lm, 1 fM in die M rechts vom Rd-Anfang, * 2 hStb in 1 M, 7 hStb, ab * fortlaufend wdh. Das letzte hStb in die M mit der fM entfällt. Mit 1 Km in das 1. hStb schließen (= 72 M).
12. Rd: 1 Lm, 1 fM in die M rechts vom Rd-Anfang, * 2 hStb in 1 M, 8 hStb, ab * fortlaufend wdh. Das letzte hStb in die M mit der fM entfällt. Mit 1 Km in das 1. hStb schließen (= 80 M).
13. Rd: 1 Lm, 1 fM in die M rechts vom Rd-Anfang, * 2 hStb in 1 M, 9 hStb, ab * fortlaufend wdh. Das letzte hStb in die M mit der fM entfällt. Mit 1 Km in das 1. hStb schließen (= 88 M).
14. Rd: 3 Lm, 1 Stb in das vordere M-Glied in die M rechts vom Rd-Anfang, * 2 DStb in das vordere M-Glied 1 M, 10 DStb in die vorderen M-Glieder, ab * fortlaufend wdh, das letzte DStb in das vordere M-Glied der M mit dem Stb entfällt. Mit 1 Km in das 1. DStb schließen (= 96 M).
15. Rd: 96 gefaltete fM häkeln.
16. Rd: 1 Lm, 1 fM in die M rechts vom Rd-Anfang, * 2 hStb in 1 M, 11 hStb, ab * fortlaufend wdh. Das letzte hStb in die M mit der fM entfällt. Mit 1 Km in das 1. hStb schließen (= 104 M).
17. Rd: 1 Lm, 1 fM in die M rechts vom Rd-Anfang. In jede M 1 hStb häkeln. Das letzte hStb in die M mit der fM entfällt. Mit 1 Km in das 1. hStb schließen.
Den Faden abschneiden und sichern.

RÜCKSEITE

3 Lm anschl und mit 1 Km zum Ring schließen.
Weiter in geschlossenen Rd mit den angegebenen Steige-Lm häkeln.
1. Rd: 2 Lm (= 1. hStb), 7 hStb in den Ring häkeln. Mit 1 Km schließen (= 8 M).
2. Rd: 1 Lm, 1 fM in die M rechts vom Rd-Anfang, in jede M 2 hStb häkeln, 1 hStb in die letzte M, in der bereits die 1 fM drin ist. Mit 1 Km in das 1. hStb schließen (= 16 M).
3. Rd: 1 Lm, 1 fM in die M rechts vom Rd-Anfang, * 2 hStb in 1 M, 1 hStb, ab * fortlaufend wdh. Das letzte hStb in die M mit der fM entfällt. Mit 1 Km in das 1. hStb schließen (= 24 M).
4. Rd: 1 Lm, 1 fM in die M rechts vom Rd-Anfang, * 2 hStb in 1 M, 2 hStb, ab * fortlaufend wdh. Das letzte hStb in die M mit der fM entfällt. Mit 1 Km in das 1. hStb schließen (= 32 M).
5. Rd: 1 Lm, 1 fM in die M rechts vom Rd-Anfang, * 2 hStb in 1 M, 3 hStb, ab * fortlaufend wdh. Das letzte hStb in die M mit der fM entfällt. Mit 1 Km in das 1. hStb schließen (= 40 M).
6. Rd: 1 Lm, 1 fM in die M rechts vom Rd-Anfang, * 2 hStb in 1 M, 4 hStb, ab * fortlaufend wdh.

Das letzte hStb in die M mit der fM entfällt. Mit 1 Km in das 1. hStb schließen (= 48 M).

7. Rd: 1 Lm, 1 fM in die M rechts vom Rd-Anfang, * 2 hStb in 1 M, 5 hStb, ab * fortlaufend wdh. Das letzte hStb in die M mit der fM entfällt. Mit 1 Km in das 1. hStb schließen (= 56 M).

8. Rd: 1 Lm, 1 fM in die M rechts vom Rd-Anfang, * 2 hStb in 1 M, 6 hStb, ab * fortlaufend wdh. Das letzte hStb in die M mit der fM entfällt. Mit 1 Km in das 1. hStb schließen (= 64 M).

9. Rd: 1 Lm, 1 fM in die M rechts vom Rd-Anfang, * 2 hStb in 1 M, 7 hStb, ab * fortlaufend wdh. Das letzte hStb in die M mit der fM entfällt. Mit 1 Km in das 1. hStb schließen (= 72 M).

10. Rd: 1 Lm, 1 fM in die M rechts vom Rd-Anfang, * 2 hStb in 1 M, 8 hStb, ab * fortlaufend wdh. Das letzte hStb in die M mit der fM entfällt. Mit 1 Km in das 1. hStb schließen (= 80 M).

11. Rd: 1 Lm, 1 fM in die M rechts vom Rd-Anfang, * 2 hStb in 1 M, 9 hStb, ab * fortlaufend wdh. Das letzte hStb in die M mit der fM entfällt. Mit 1 Km in das 1. hStb schließen (= 88 M).

12. Rd: 1 Lm, 1 fM in die M rechts vom Rd-Anfang, * 2 hStb in 1 M, 10 hStb, ab * fortlaufend wdh. Das letzte hStb in die M mit der fM entfällt. Mit 1 Km in das 1. hStb schließen (= 96 M).

13. Rd: 1 Lm, 1 fM in die M rechts vom Rd-Anfang, * 2 hStb in 1 M, 11 hStb, ab * fortlaufend wdh. Das letzte hStb in die M mit der fM entfällt. Mit 1 Km in das 1. hStb schließen (= 104 M). Den Faden nicht abschneiden.

FERTIGSTELLEN

Vorder- und Rückseite mit der linken Seite aufeinanderlegen. Den Faden wieder aufnehmen und beide Kreise mit Km zusammenhäkeln. Dazu durch die beiden sich berührenden M-Glieder von Vorder- und Rückseite einstechen. Eine Öffnung von ca. 76 M offen lassen. Den Faden abschneiden, sichern und alle Fäden vernähen.

Für die Henkel aus dem dicken Makramee-Garn (ø 6 mm) 2 Stränge von je 80 cm zuschneiden. Nun von vorn in die Innenseite des Kreises den 1. Strang durch 1 M aus der vorletzten Rd ziehen. Das Ende mehrmals verknoten, so dass es nicht mehr durch die M rutscht. Das andere Ende des 1. Strangs einige M daneben ebenso befestigen. Das gleiche mit dem 2. Strang auf der gegenüberliegenden Seite wdh.

TIPP ALTERNATIV KÖNNEN AUCH GEKAUFTE HENKEL AUS LEDER ODER HOLZ ANGEBRACHT WERDEN.

CHARMING
Süße Schlüsselanhänger

GRÖSSE

Schlüsselanhänger in Rosa: ca. 4 cm x 13 cm (mit Fransen, ohne Haken)

Schlüsselanhänger aus Schnüren: ca. 8 cm lang

MATERIAL

- Schachenmayr Catania (LL 125 m/50 g) in Vintage (Fb 423), Fuchs (Fb 426), Natur (Fb 105), Zimt (Fb 383) und Reseda (Fb 402), Reste
- Häkelnadel 3,0 mm
- 12 Holzperlen, ø ca. 1 cm, (der Kopf der Häkelnd muss durch das Loch passen): Variante in Rosa: 5 Perlen, Variante mit Schnüren: 7 Perlen
- 2 D-Karabinerhaken, Steg 2,5 cm breit
- Wollnadel

SCHLÜSSELANHÄNGER IN ROSA

4 Holzperlen mit Hilfe der Wollnd auf den Faden in Vintage auffädeln. Den Faden am Steg des Karabiners anschlingen.

1. R: 6 fM um den Steg des Karabiners häkeln (= 6 M).

Weiter in R mit den angegebenen Steige-Lm häkeln.

In der nächsten R 1 Perle auf die Lm-Kette ziehen: Dafür die Häkelnd aus der etwas größer gezogenen Arbeitsschlinge nehmen und die Perle vom Arbeitsfaden herunterziehen. Nun mit der Häkelnd die Arbeitsschlinge von der anderen Seite durch das Perlenloch ziehen. Die Perle auf die Lm-Kette schieben und die Schlaufe wieder mit der Häkelnd aufnehmen.

2. R: 4 Steige-Lm. 1 Perle auf die Lm-Kette ziehen, in die 2. fM 1 DStb arb. Die nächsten 2 DStb wie folgt verkreuzen: 1 DStb in die 4. fM, 1 DStb in die 3. fM (vor dem DStb der vorherigen M), 1 DStb in die 5. M, 1 DStb in die 6. fM.

3. R: 4 Steige-Lm, 1 Perle auf die Lm-Kette ziehen, 1 DStb. Die nächsten 2 DStb wie folgt verkreuzen: 1 DStb in die 4. M, 1 DStb in die 3. M, 1 DStb, 1 DStb in den Lm-Bogen der Vor-R.

4.+5. R: Wie die 3. R häkeln.

6. R: 3 Steige-Lm, 1 Stb, 2 Stb zusammen abmaschen, 2 Stb.

7. R: Alle 5 verbliebenen M (inkl. Lm-Bogen) mit 1 fM zusammen abmaschen.

Den Faden abschneiden und sichern. Alle Fäden vernähen.

Für die Fransen 3 Fäden von 12 cm Länge zuschneiden. Mit der Häkelnd unten mittig einknüpfen, die 5. Holzperle über die Franse ziehen, eventuell verknoten und kürzen.

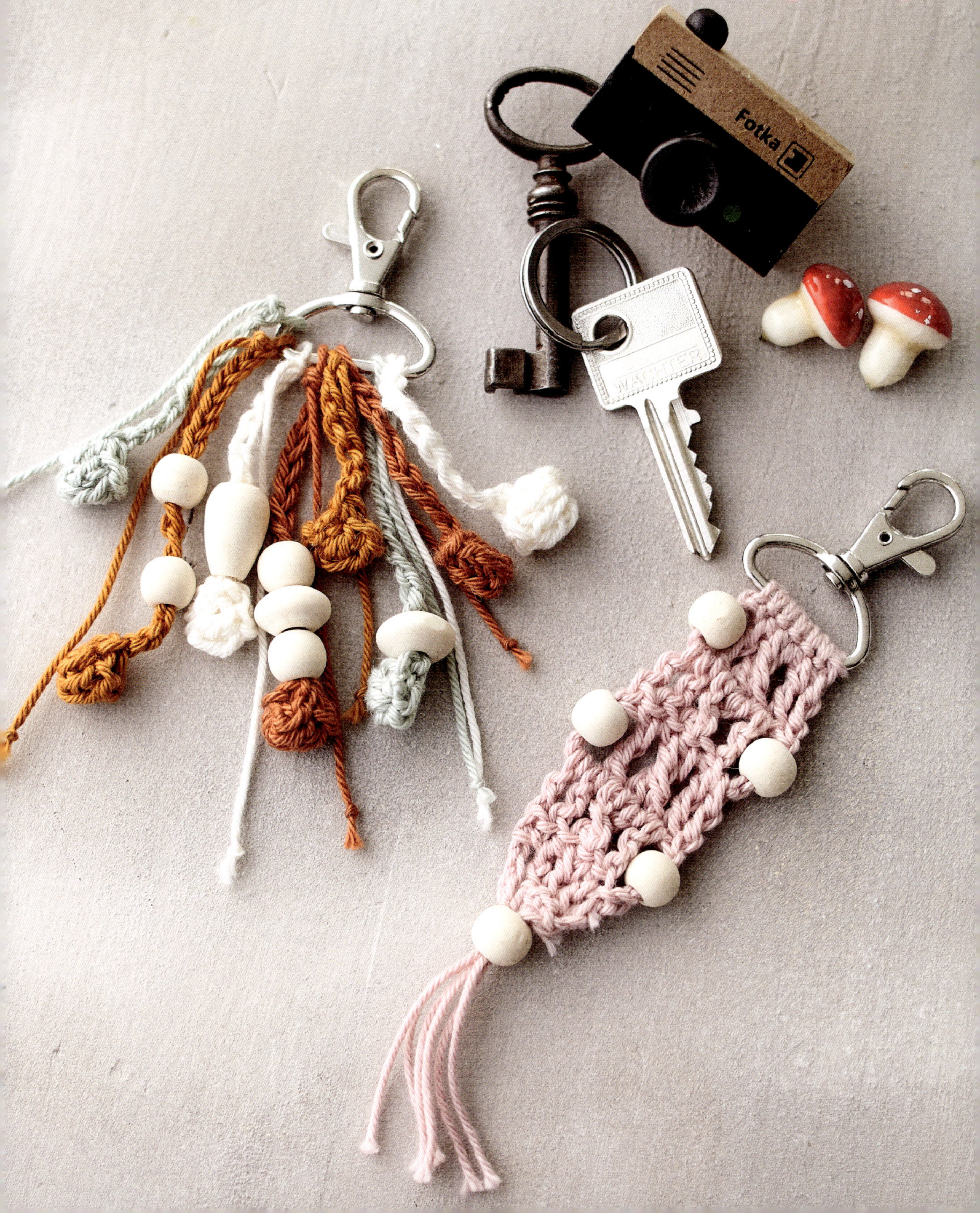
Fotka
WÄCHTER

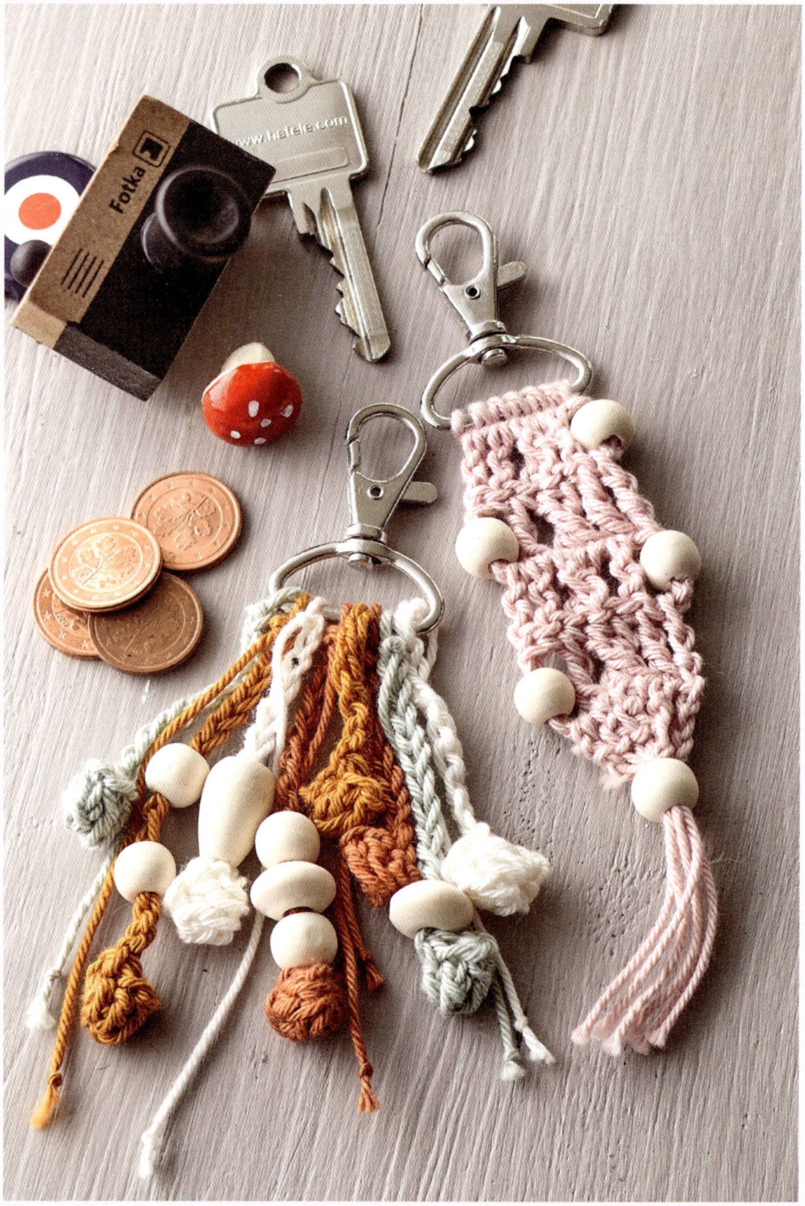

SCHLÜSSEL-ANHÄNGER AUS SCHNÜREN

Die Schnüre können einfarbig oder bunt, mit oder ohne Perlen, lang oder kurz gearbeitet werden. Popcorn-M dienen als Abschluss.

Für 1 Schnur die gewünschte Anzahl an Perlen auf den Arbeitsfaden fädeln, dann 4 Lm anschl. In die 4. Lm von der Nd aus 1 Popcorn-M (= 6 zusammen abgemaschte Stb in 1 M + 1 Lm) arb. Nun so viele Lm häkeln, bis die gewünschte Länge der Schnur erreicht ist. Die Perle/n auf die Lm-Kette ziehen. Die Arbeitsschlinge mit der Häkelnd wieder aufnehmen und die Lm-Kette mit 1 Km am Steg des Karabinerhakens befestigen. Faden etwas länger abschneiden und sichern. Das Ende kann hängen bleiben und mit einem einfachen Knoten geschlossen werden.

Weitere Schnüre in verschiedenen Fb und Längen anfertigen und am Karabiner befestigen. Die Anfangsfäden an den Popcorn-M vernähen.

GLAMOROUS

Schicke Ohrringe

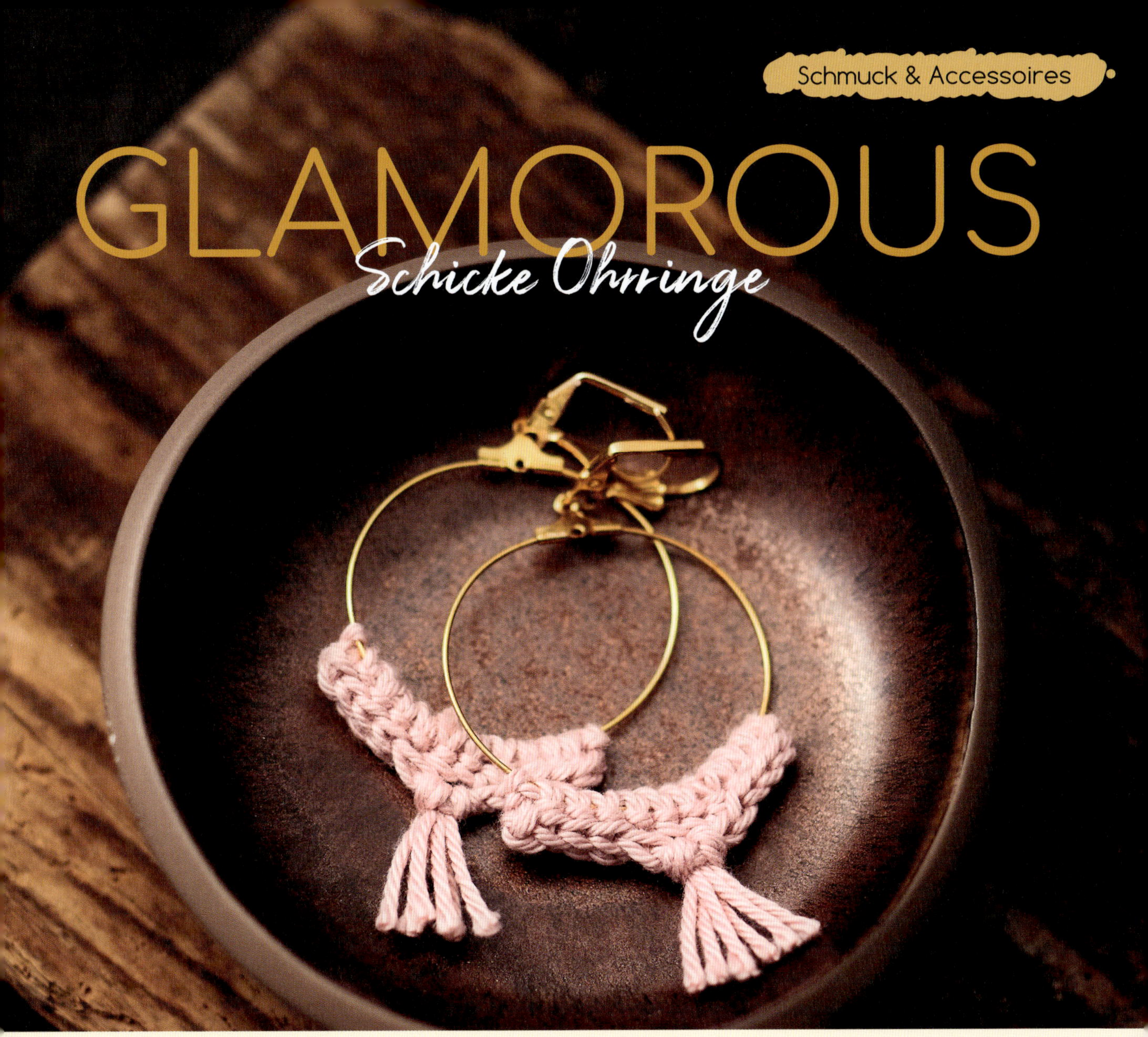

GRÖSSE

3,5 cm x 3,5 cm (ohne Kreolen)

MATERIAL

- Schachenmayr Catania (LL 125 m/50 g) in Vintage (Fb 423), Rest
- Häkelnadel 3,0 mm
- 1 Paar Kreolen-Ohrringe, ø 3,5 cm
- Wollnadel

ANLEITUNG

1. R: Das Garn an den 1. Ohrring anschlingen und 11 fM um den Ring herumhäkeln (= 11 M). Wenden.

2. R: 4 Km, 1 fM, 1 Lm, 1 M überspringen, 1 fM, 4 Km.

Den Faden abschneiden, sichern und vernähen.

Den 2. Ohrring ebenso umhäkeln.

FERTIGSTELLEN

Für die Fransen 6 Fäden von 6 cm Länge zuschneiden. an jeden Ohrring ein Bündel von 3 Fäden durch das entstandene Loch der Lm fädeln und mit einem Knoten befestigen. Die Fransen beider Ohrringe auf die gleiche Länge kürzen.

PRECIOUS
Zartes Armband

GRÖSSE
ca. 28 cm x 2 cm

MATERIAL
- Schachenmayr Catania (LL 125 m/50 g) in Vintage (Fb 423), Reseda (Fb 402) und Natur (Fb 105), Reste
- Häkelnadel 3,0 mm
- 3 Holzperlen, ø 1 cm (der Kopf der Häkelnd muss durch das Perlenloch passen)
- Wollnadel

ANLEITUNG
Auf jeden Faden 1 Holzperle fädeln. Alle 3 Fäden zusammennehmen und ca. 10 cm von den Fadenanfängen abmessen. An dieser Stelle 1 Anfangsschlinge mit allen 3 Fäden zusammen anfertigen. Die Holzperlen liegen hinter der Anfangsschlinge.
Nun nur die Arbeitsschlinge in Vintage aufnehmen und anschließend eine Lm-Kette häkeln, die so lang ist, dass diese nicht gedehnt um das Armgelenk passt. Die Holzperle vom Faden auf die Lm-Kette ziehen. Die Arbeitsschlinge großziehen, damit nichts aufgeht. Die Häkelnd herausnehmen.
Dann in Reseda und Natur ebenfalls eine Lm-Kette wie zuvor anfertigen. Die 3 Lm-Ketten sollen gleich lang sein.
Die 3 Lm-Ketten sehr locker zu einem Strang flechten, dabei die Perlen nach Wunsch platzieren.
Die 3 Arbeitsschlingen wieder auf die Häkelnd nehmen und festziehen. Mit allen 3 Fäden wieder 1 Lm arb. Für den Verschluss den Faden mit 10 cm Länge abschneiden und sichern.

FERTIGSTELLEN
Die Anfangs- und Endfäden als Verschluss jeweils ca. 5-7 cm lang flechten und mit einem Knoten sichern. Die Fäden kurz hinter den Knoten abschneiden.

TIPP WER WILL, KANN MEHR PERLEN EINARB ODER ANDERES MATERIAL ZUM HÄKELN VERWENDEN.

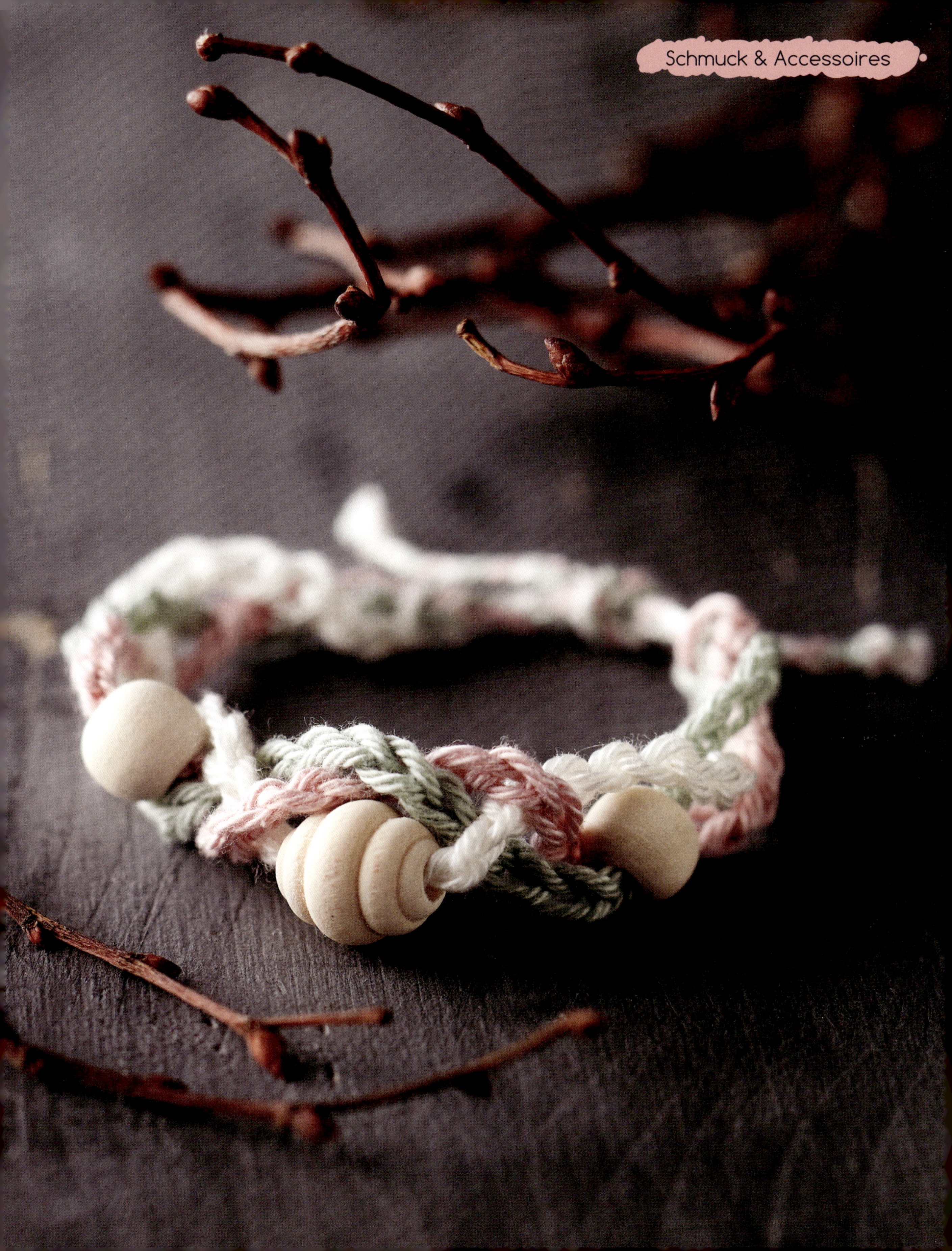

AIRY

Federleichte Taschenanhänger

GRÖSSE

Große Feder 10 cm x 15 cm (ohne Karabiner)

Kleine Feder 10 cm x 12 cm (ohne Karabiner)

MATERIAL

- Schachenmayr Catania Grande (LL 63 m/50 g) in Reseda (Fb 3209) und Natur (Fb 3105), Reste
- Häkelnadel 4,0 mm
- 2 Karabiner
- Wollnadel
- Kamm

GROSSE FEDER

In Reseda 15 Lm anschl.

1. Rd: Die Lm-Kette von beiden Seiten mit fM behäkeln. In der 2. Lm von der Nd aus beginnen 1 fM, 13 fM, 5 fM in die letzte M, 13 fM an der anderen Seite der Lm-Kette zurückhäkeln (= 31 M). Den Faden etwas länger abschneiden und sichern.

KLEINE FEDER

In Natur 10 M anschl.

1. Rd: Die Lm-Kette von beiden Seiten mit fM behäkeln. In der 2. Lm von der Nd aus beginnen 1 fM, 8 fM, 5 fM in die letzte M, 8 fM an der anderen Seite der Lm-Kette zurückhäkeln (= 21 M).

FERTIGSTELLEN

Für die Fransen 29 Fäden in Reseda für die große Feder und 19 Fäden in Natur für die kleine Feder von 10 cm Länge zuschneiden. Nun mit der Häkelnd in jede fM 1 Faden einknüpfen und durch die Schlinge festziehen. In die untere mittlere fM 3 Fransen einknüpfen. Im Anschluss kann die gewünschte Federform zugeschnitten werden sowie das Garn mit Hilfe eines Kamms stark ausgefranst werden. Den Anhänger mit ein paar Stichen am Karabiner befestigen. Alle Fäden vernähen.

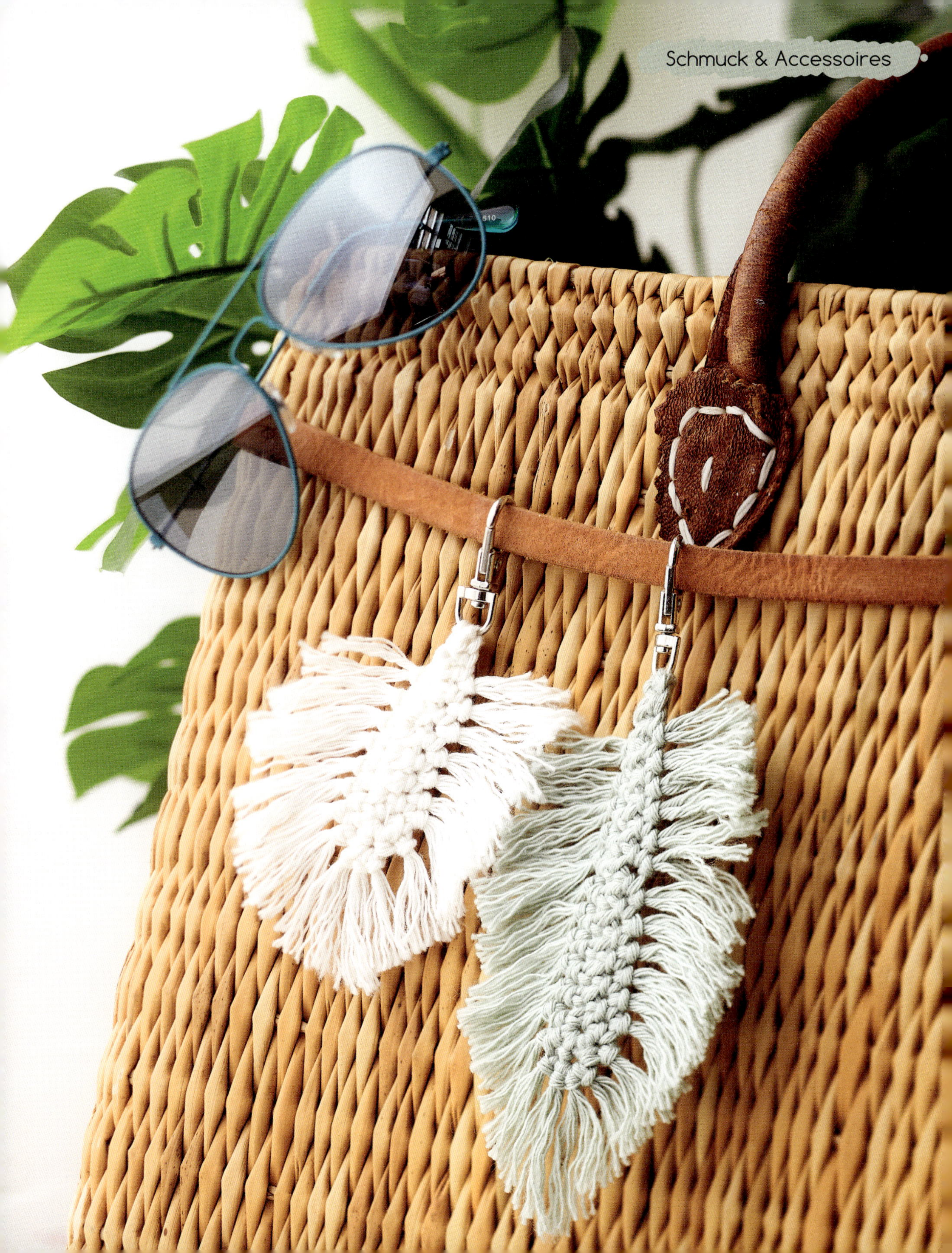

HAPPINESS
Stylischer Gürtel

@@

GRÖSSE

ca. 4 cm breit, Länge nach Wunsch

MATERIAL

- myboshi Makramee-Garn, 2 mm, geflochten (LL 100 m) in Natur, 1 Kone
- Häkelnadel 5,0 mm
- 2 Metallhalbringe, Steg 3,5 cm breit
- Wollnadel

ANLEITUNG

Die Metallhalbringe übereinanderlegen. Das Garn um beide Stege herum anschlingen.

1. R: 5 fM um beide Stege häkeln (= 5 M).

Weiter in R mit den angegebenen Steige-Lm häkeln.

2. R: 5 Lm. Nun 2 Dreifach-Stb wie folgt verkreuzen: 1 Dreifach-Stb in die 4. M der Vor-R, 1 Lm, 1 Dreifach-Stb in die 2. M der Vor-R, 1 Dreifach-Stb in die 5. M.

Die 2. R fortlaufend wdh, bis die gewünschte Länge des Gürtels bis zum Metallhalbring erreicht ist. Dann die 2. R noch 2x wdh.

Letzte R: 1 Lm, 1 hStb, 1 DStb, 1 hStb, 1 fM.

Den Faden abschneiden und sichern.

FERTIGSTELLEN

3 Stränge à 50 cm (oder länger) zuschneiden und in das mittlere DStb der letzten R als Verschluss einknüpfen. Alle Fäden vernähen.

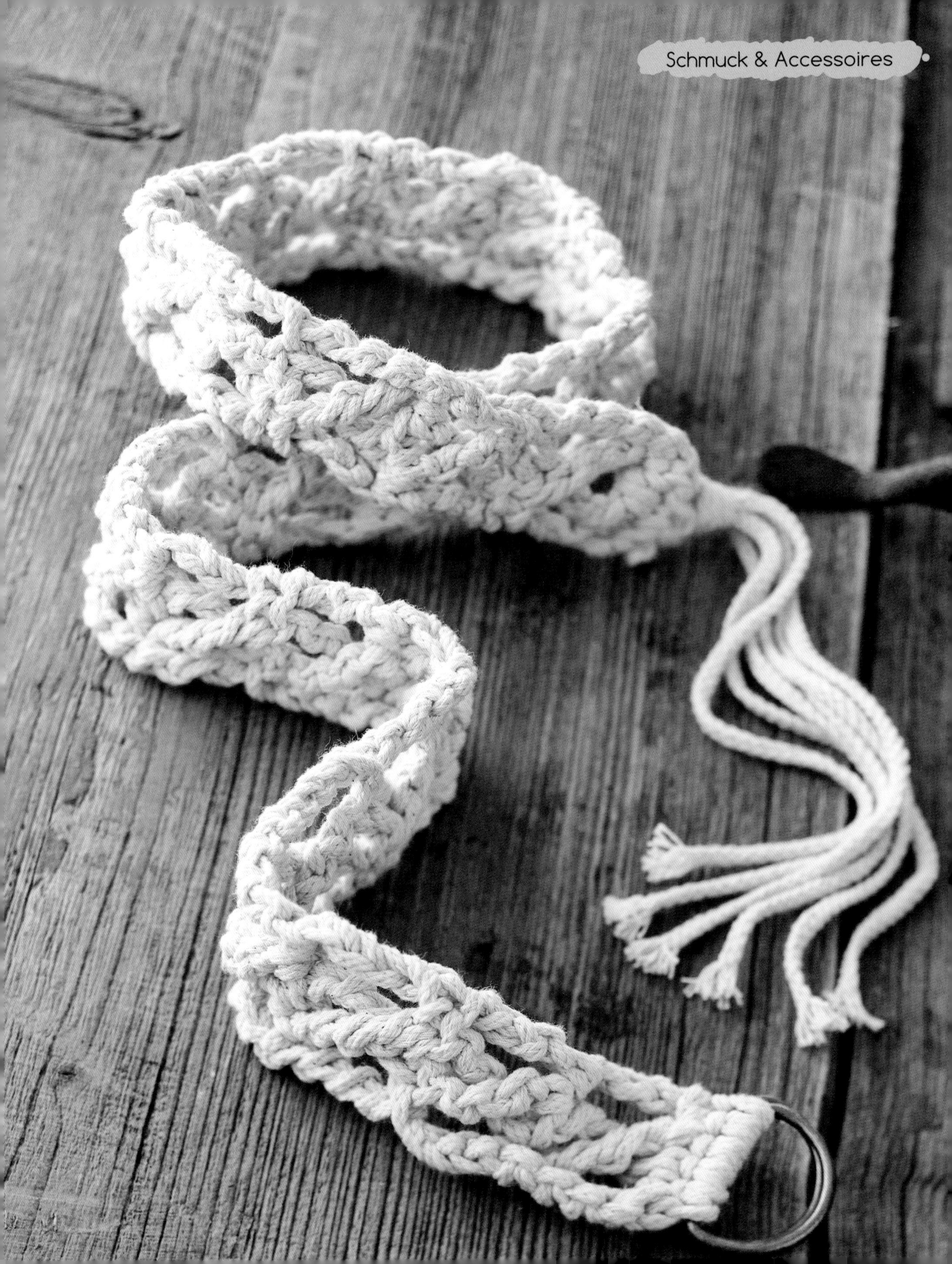

Deko- & Wohnideen

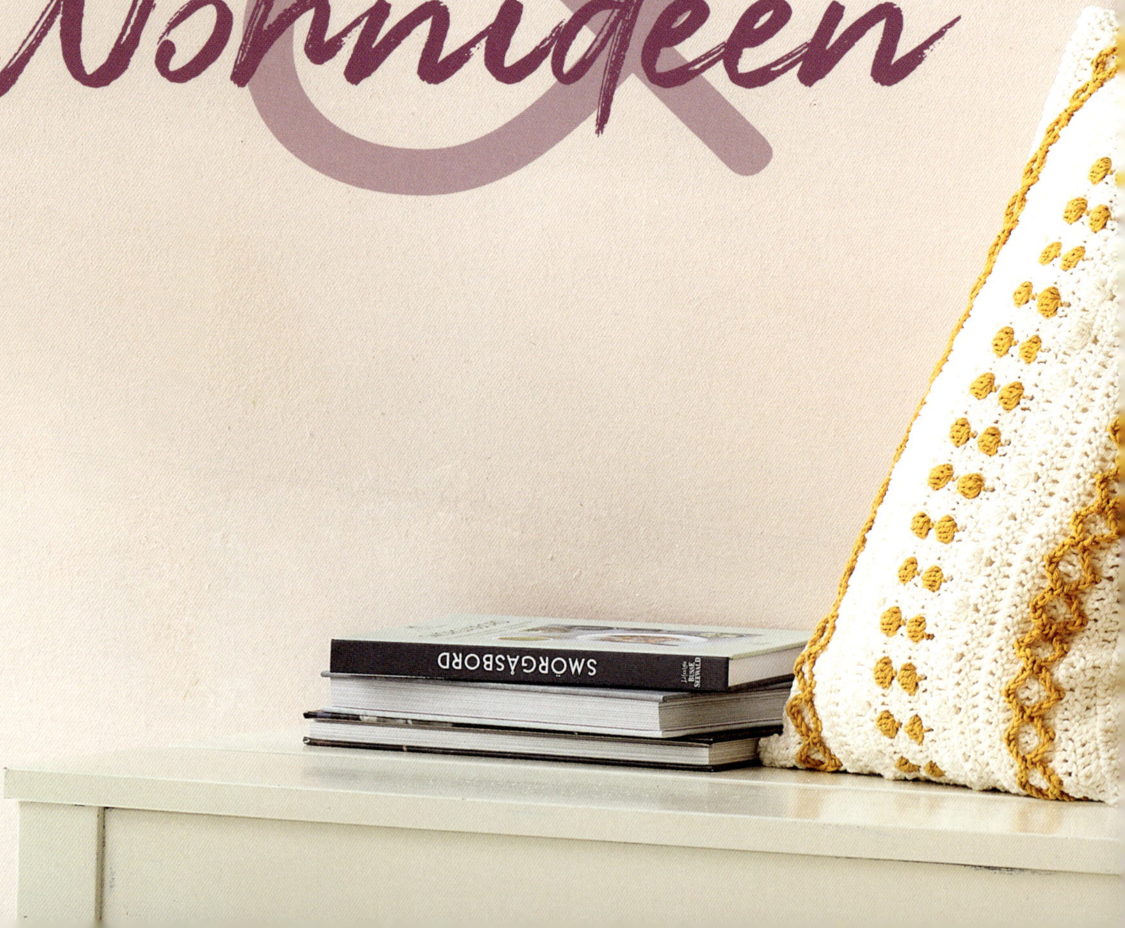

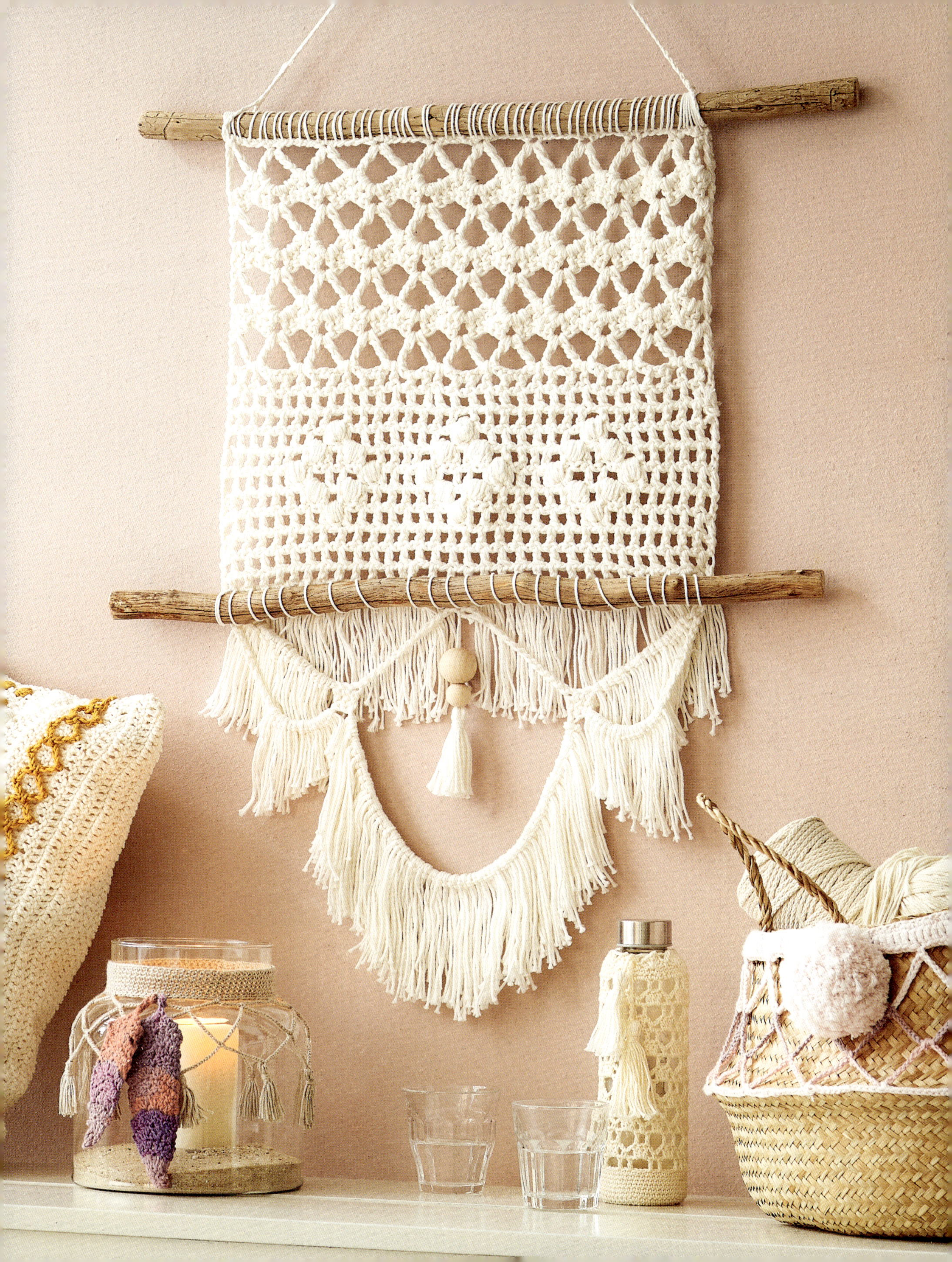

DREAMY

Kleiner Traumfänger

GRÖSSE

ø ca. 25 cm

MATERIAL

- Schachenmayr Tahiti (LL 280 m/50 g) in Soft Pop (Fb 7624), 50 g
- Schachenmayr Catania (LL 125 m/50 g) in Koralle (Fb 410), 50 g
- Häkelnadel 3,0 mm
- Stickrahmen aus Buchenholz mit Schraube, ø 25 cm
- Wollnadel

ANLEITUNG

Zuerst die Rosette häkeln, dann diese in den Rahmen einhäkeln.

ROSETTE

In Soft Pop einen Magic-Ring anfertigen.

1. Rd: 9 fM in den Ring häkeln (= 9 M).

2. Rd: * 12 Lm, 1 fM, ab * noch 8x wdh.

3. Rd: 8 Steige-Lm, * 1 fM um den Lm-Bogen der Vor-Rd, 3 Lm, ab * noch 8x wdh. Enden mit 1 Km in die 7. Steige-Lm.

4. Rd: 3 fM um den Lm-Bogen der Vor-Rd, 1 fM um den Lm-Bogen der Vor-Rd. ab * noch 8x wdh. Enden mit 1 Km in die 1. M.

5. Rd: 2 Steige-Lm, 36 Stb.

6. Rd: 2 Steige-Lm, * 1 Stb, 1 Lm, ab * fortlaufend wdh.

7. Rd: 7 Steige-Lm, 10 Lm, * 1 fM um den Lm-Bogen zwischen den Stb der Vor-Rd, 17 Lm, ab * fortlaufend wdh. Enden mit 1 Km in die oberste Steige-Lm.

8. Rd: 3 fM um jeden Bogen der Vor-Rd (= 106 M).

9. Rd: * 20 Lm, 1 fM in jede 7. M, ab * noch 14x wdh.

10. Rd: * 30 Lm, 1 fM um den Bogen der Vor-Rd, ab * noch 14x wdh.

Den Faden trennen, durchziehen und vernähen.

Mit doppeltem Faden in Soft Pop und Koralle den Rahmen mit fM umhäkeln, dabei nach jeder 13. M einen Lm-Bogen mitfassen. Den Faden abschneiden, sichern und vernähen.

FERTIGSTELLEN

In Soft Pop 2 Quasten von 13 cm Höhe anfertigen (siehe Seite 72). Dann in Soft Pop 2 kleine und 1 große Feder häkeln (siehe Seite 73). Alle Accessoires mit Lm-Ketten unterschiedlicher Länge am Rahmen befestigen.

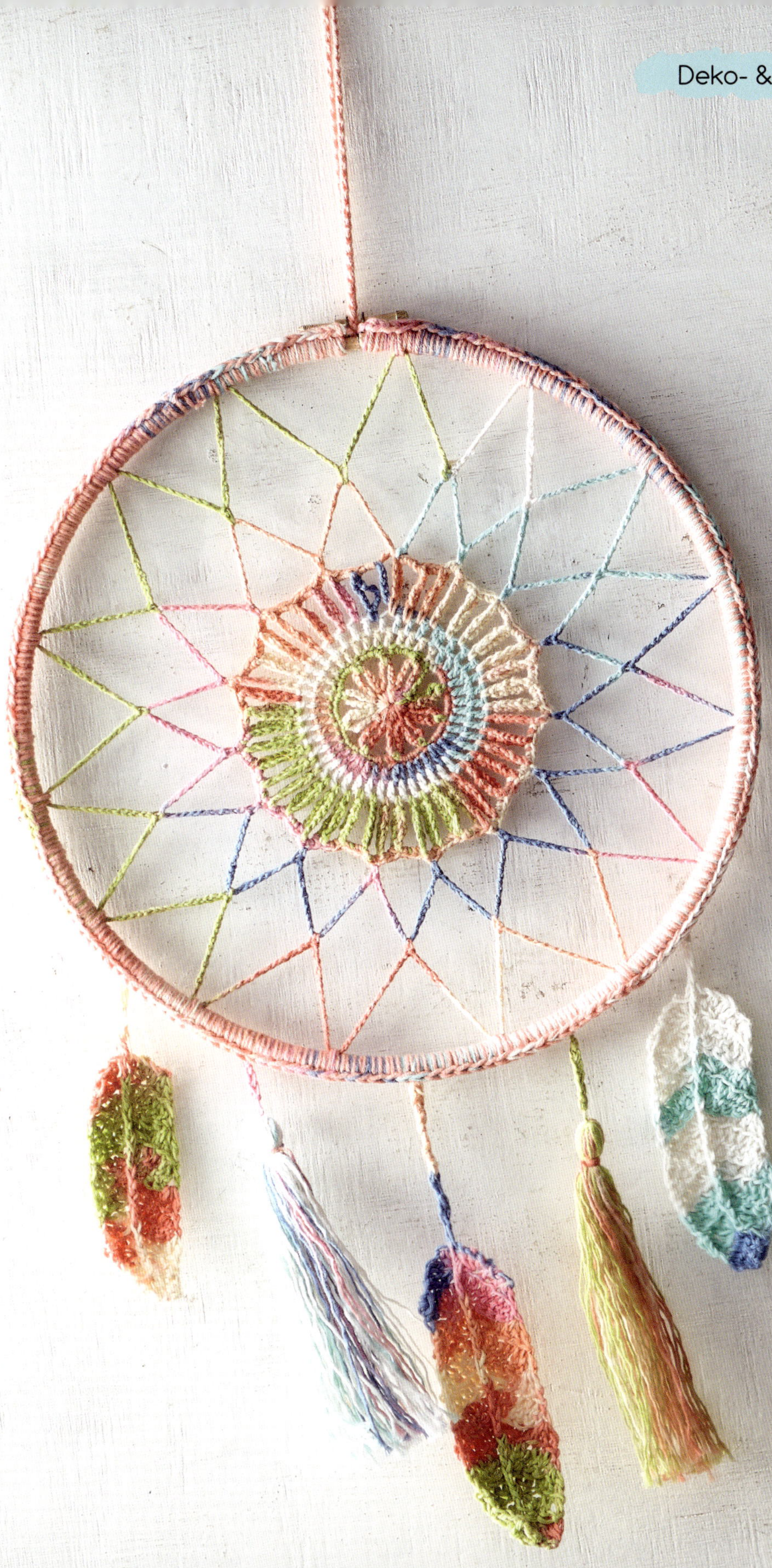

PERFECT LIFE

Bordüre für Korb

GRÖSSE

Korb, ø 25 cm, 32 cm hoch

MATERIAL

- Lana Grossa Organico (LL 90 m/50 g) in Rosa (Fb 86), Grau (Fb 29) und Altrosa (Fb 76), je 50 g
- Häkelnadel 3,5 mm
- Korb, ø 25 cm, 32 cm hoch
- Wollnadel

BORDÜRE

In Rosa 170 Lm anschl und mit 1 Km zum Ring schließen. Weiter in geschlossenen Rd häkeln.

1. Rd: 1 Steige-Lm, 170 fM häkeln, mit 1 Km schließen.

2. Rd: 3 Steige-Lm, 170 Stb häkeln, mit 1 Km schließen.

3. Rd: * 20 Lm, 10 M übergehen, 1 fM. Ab * fortlaufend wdh. Mit 1 Km schließen.

4. Rd (Grau): * 20 Lm, 1 fM um den Lm-Bogen der Vor-Rd, ab * fortlaufend wdh. Mit 1 Km schließen.

5. Rd (Altrosa): * 18 Lm, 1 fM um den Lm-Bogen der Vor-Rd, ab * fortlaufend wdh. Mit 1 Km schließen.

6. Rd (Rosa): * 14 Lm, 1 fM um den Lm-Bogen der Vor-Rd, ab * fortlaufend wdh. Mit 1 Km schließen.

Den Faden abschneiden, sichern und vernähen.

FERTIGSTELLEN

Die obere Kante der Bordüre verdeckt an die obere Kante des Korbs nähen. In Rosa 1 Pompon mit ø 10 cm anfertigen (siehe Seite 72) und annähen.

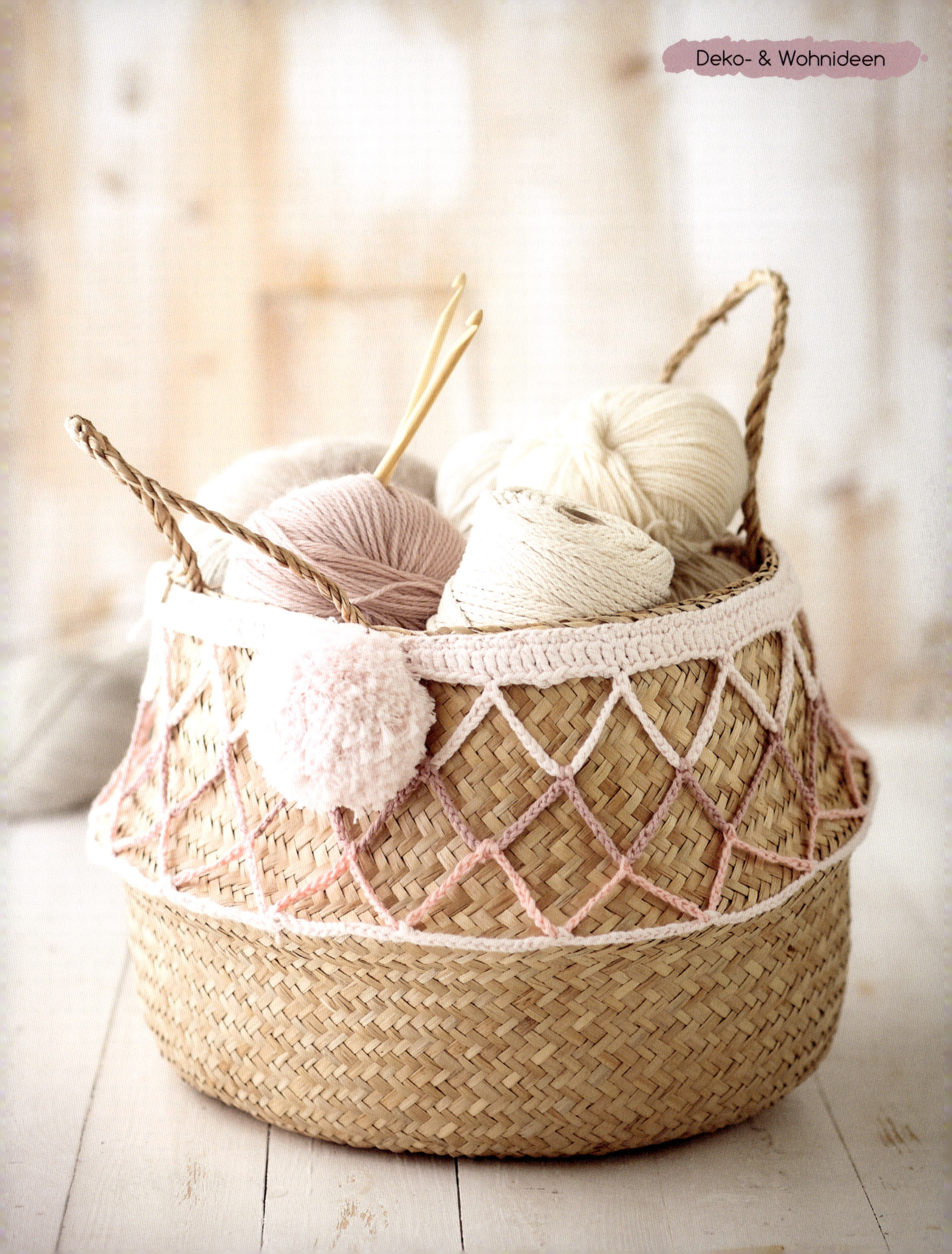

WONDERFUL
Windlichthülle

GRÖSSE

Vase, ø 25 cm, 20 cm hoch

MATERIAL

- Lana Grossa Linarte (LL 125 m/50 g) in Hanf (Fb 45), 50 g
- Schachenmayr Tahiti (LL 280 m/50 g) in Sahara (Fb 7622), 50 g
- Häkelnadel 3,5 mm
- Vase, ø 25 cm, 20 cm hoch
- Wollnadel

ANLEITUNG

In Hanf 80 Lm anschl und mit 1 Km zum Ring schließen. Weiter in geschlossenen Rd mit den angegebenen Steige-Lm häkeln.

1.-7. Rd: 1 Steige-Lm, 80 fM häkeln, mit 1 Km die Rd schließen.

8. Rd: * 20 Lm, 8 fM übergehen, 1 fM, ab * noch 9x wdh. Mit 1 Km die Rd schließen.

9. Rd: 13 Steige-Lm, 15 Lm, 1 fM um den Lm-Bogen der Vor-Rd, * 30 Lm, 1 fM um den Bogen der Vor-Rd, ab * fortlaufend wdh. Enden mit 15 Lm, mit 1 Km die Rd schließen.

10. Rd: * 30 Lm, 1 fM um den Lm-Bogen der Vor-Rd, ab * fortlaufend wdh. Mit 1 Km die Rd schließen. Den Faden abschneiden, sichern und vernähen.

FERTIGSTELLEN

In Hanf 10 Quasten von 5 cm Höhe anfertigen (siehe Seite 72) und an jeden Lm-Bogen eine Quaste anbringen. Nach Wunsch 1 kleine und 1 große Feder in Sahara (siehe Seite 73) häkeln und festnähen.

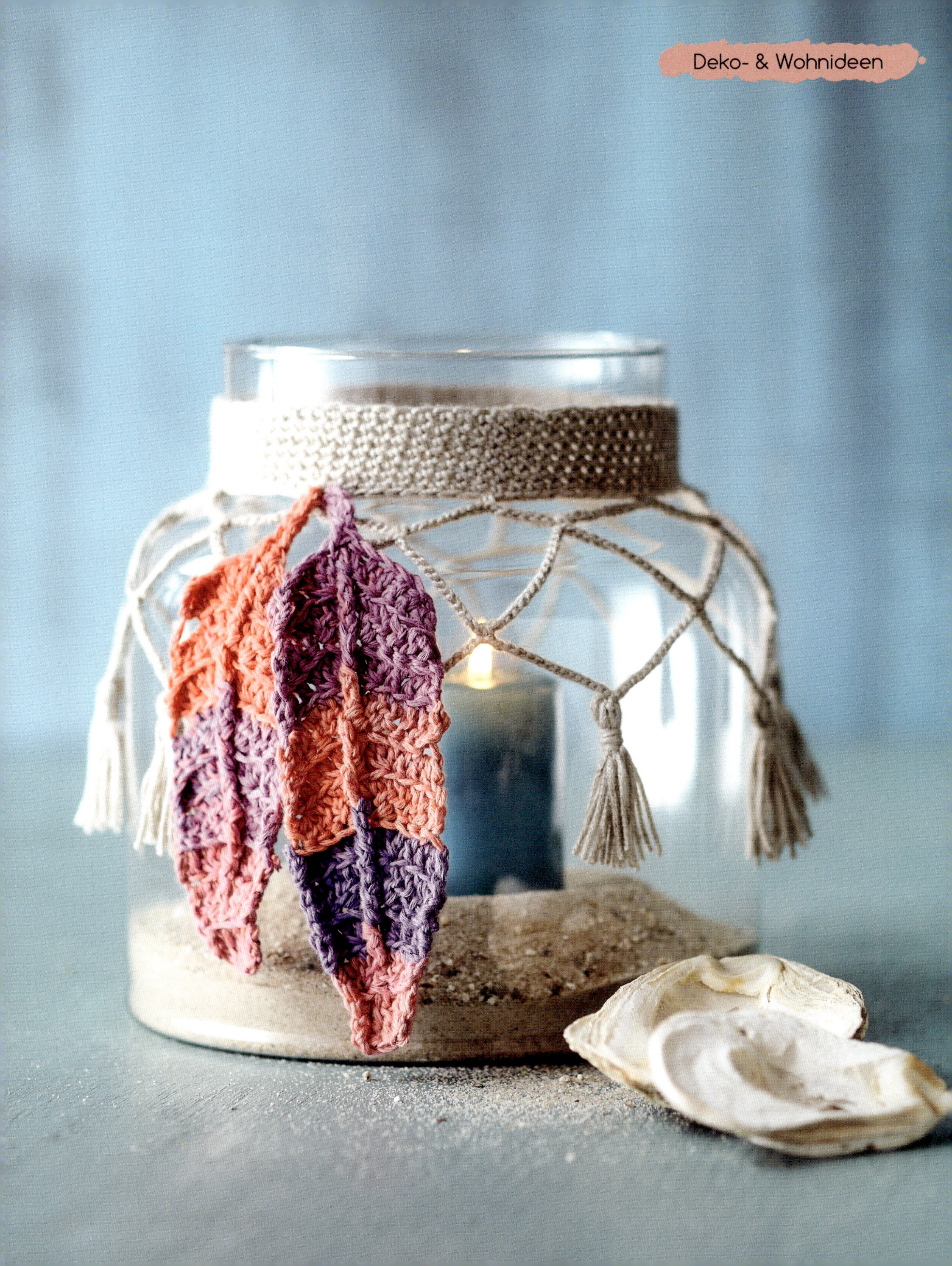

MELODY
Praktische Flaschenhülle

GRÖSSE

Für eine 500 ml-Flasche mit ø 6,2 cm und 22 cm Höhe (mit Deckel)

MATERIAL

- Schachenmayr Catania (LL 125 m/50 g) in Natur (Fb 105), 50 g
- Häkelnadel 2,5 mm
- Wollnadel

ANLEITUNG

In Natur einen Magic Ring anfertigen

1. Rd: 6 fM in den Ring häkeln und mit 1 Km schließen (= 6 M).

Weiter in geschlossenen Rd häkeln. Dabei jede Rd mit 1 Steige-Lm beginnen und mit 1 Km schließen.

2. Rd: Jede fM verdoppeln (= 12 M).

3. Rd: Jede 2. fM verdoppeln (= 18 M).

4. Rd: Jede 3. fM verdoppeln (= 24 M).

5. Rd: Jede 4. fM verdoppeln (= 30 M).

6. Rd: Jede 5. fM verdoppeln (= 36 M).

7. Rd: Jede 6. fM verdoppeln (= 42 M).

8. Rd: Jede 7. fM verdoppeln (= 48 M).

9. Rd: Jede 8. fM verdoppeln (= 54 M).

10.-15. Rd: Jeweils 54 fM häkeln.

Weiter in geschlossenen Rd mit den angegebenen Steige-Lm häkeln.

16. Rd: 3 Steige-Lm (= 1. Stb), 3 Lm, 1 Stb, 1 Lm, * 1 Stb, 3 Lm, 3 M überspringen, 1 Stb, 1 Lm, 1 M überspringen, ab * noch 7x wdh. Mit 1 Km in die oberste Lm schließen.

17. Rd: * 2 Lm, 3 Stb in den Lm-Bogen, 2 Lm, 1 fM in die Lm, ab * noch 8x wdh. Mit 1 Km schließen.

18. Rd: 3 Steige-Lm (= 1. Stb), 1 Lm, 1 Stb, 3 Lm, * 1 Stb in das 1. Stb der 3er-Stb-Gruppe, 1 Lm, 1 M überspringen, 1 Stb in das 3. Stb der 3er-Stb-Gruppe, 3 Lm, ab * noch 7x wdh. Mit 1 Km schließen.

19. Rd: 1 Steige-Lm, * 1 fM, 2 Lm, 3 Stb in den 3er-Lm-Bogen, 2 Lm, ab * noch 8x wdh. Mit 1 Km schließen.

20.-27. Rd: Die 16.-19. Rd fortlaufend wdh.

28.-30. Rd: Wie die 16.-18. Rd häkeln.

31.+32. Rd: Jeweils 54 fM häkeln.

Für die Abschluss-Rd ein Muschelmuster häkeln.

33. Rd: * 1 fM, 2 M überspringen, (3 Stb, 2 Lm, 3 Stb) in die nächste M, 2 M überspringen, ab * noch 8x wdh. Mit 1 Km schließen.

Den Faden abschneiden und sichern. Alle Fäden vernähen.

FERTIGSTELLEN

Für den Tunnelzug eine Lm-Kette von ca. 75 Lm arb. Die Lm-Kette jeweils durch die Spitzen des Muschelmusters ziehen. 2 Quasten von ca. 10 cm Höhe anfertigen (siehe Seite 72) und an den Enden der Lm-Kette anbringen.

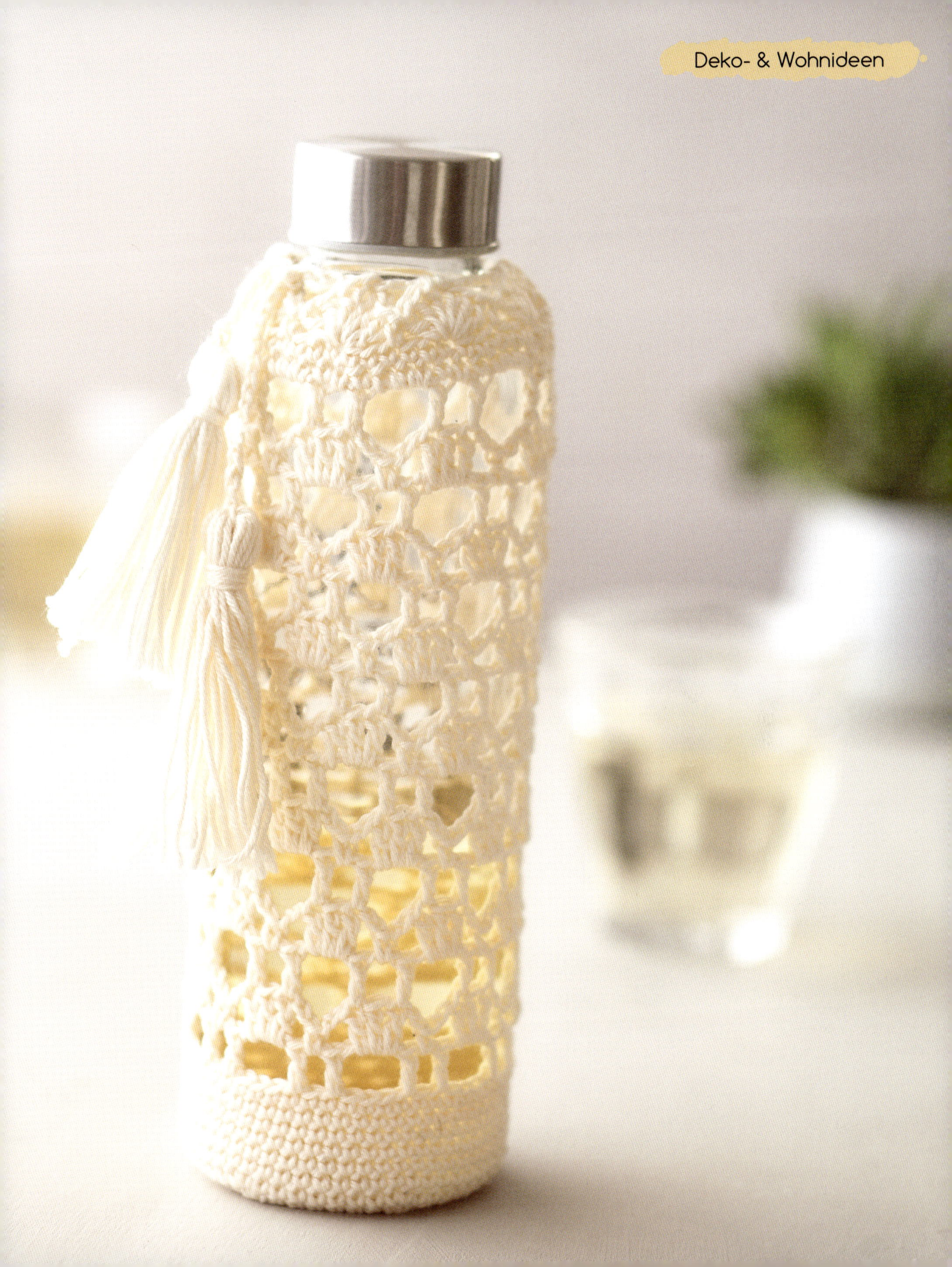

LOVING Mini-Blumenampel

GRÖSSE

Für einen Blumentopf von ø 8 cm und 7 cm Höhe

MATERIAL

- myboshi Makramee-Garn, 2 mm, geflochten (LL 100 m) in Natur, 1 Kone
- Häkelnadel 6,0 mm
- Holzring, ø 3 cm
- Holzperle, ø 1,5 cm
- Wollnadel

ANLEITUNG

Einen Magic Ring anfertigen

1. Rd: 6 fM in den Ring häkeln und mit 1 Km schließen (= 6 M).
Weiter in geschlossenen Rd häkeln. Dabei jede Rd mit 1 Steige-Lm beginnen und 1 Km schließen.

2. Rd: Jede fM verdoppeln (= 12 M).

3. Rd: Jede 2. fM verdoppeln (= 18 M).

4. Rd: Jede 3. fM verdoppeln (= 24 M).

5. Rd: Jede 4.fM verdoppeln (= 30 M).

6.-8. Rd: Jeweils 30 fM häkeln.

9. Rd: Jede 4. und 5. M zusammen abmaschen (= 24 M).

10. Rd: Jede 3. und 4. M zusammen abmaschen (= 18 M).

11. Rd: Nun den kleinen Holzring als Aufhänger in die ersten 4 M einhäkeln – dafür die Nd in die M einstechen, der Holzring liegt hinter der M, den Arbeitsfaden durch den Ring holen und die M beenden. Dann noch 14 fM häkeln.

Den Faden abschneiden, sichern und alle Fäden vernähen.

FERTIGSTELLEN

Eine Quaste von ca. 7cm Höhe anfertigen (siehe Seite 72) und mit der Holzperle an einem Faden am Boden der Blumenampel befestigen.

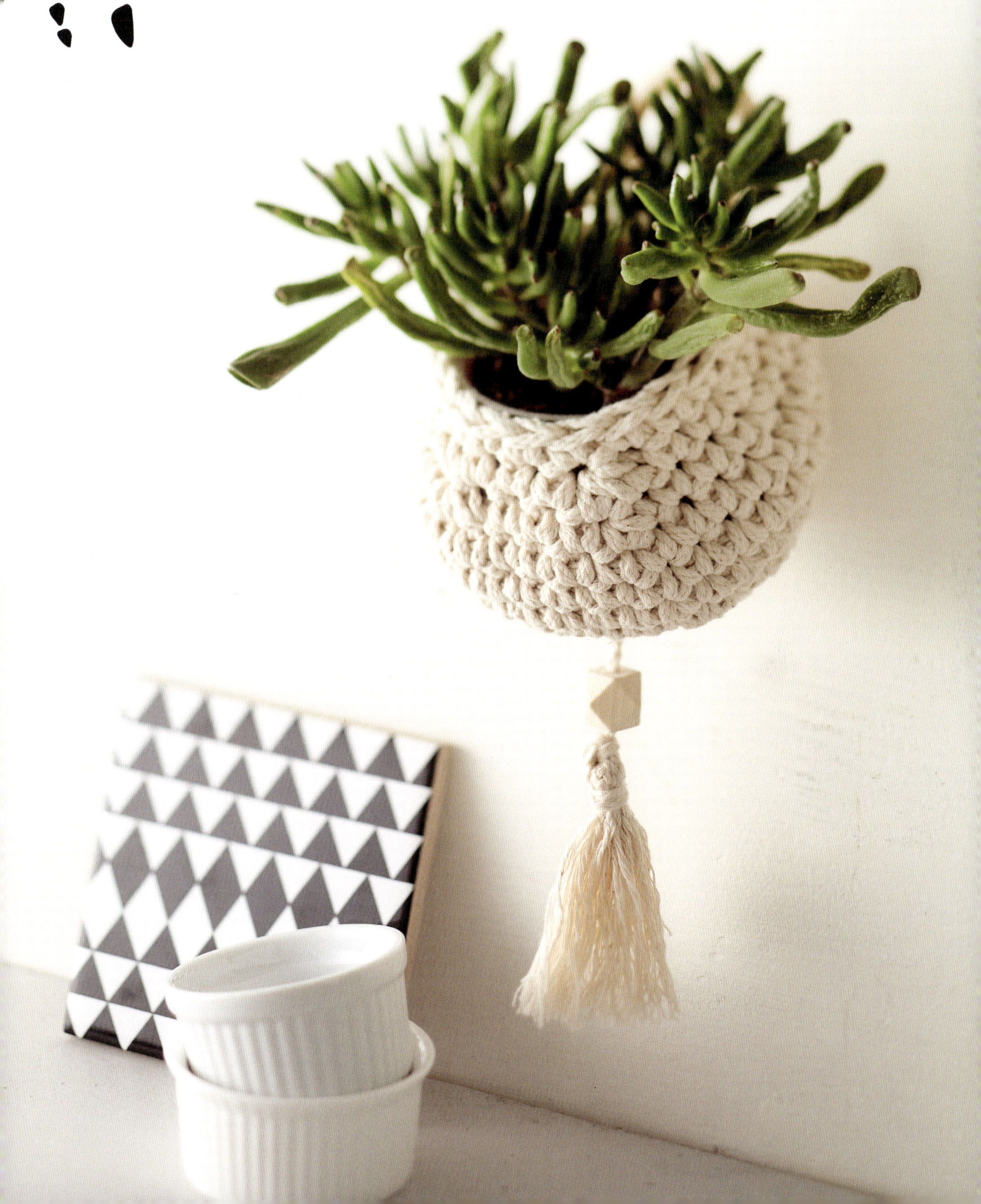

PERFECTION

Kuschelige Kissenhülle

GRÖSSE

ca. 51 cm x 32 cm

MATERIAL

- Schachenmayr Catania Grande (LL 63 m/50 g) in Natur (Fb 3105), 450 g und Gold (Fb 3249), 50 g
- Häkelnadel 4,0 mm
- Füllkissen, 50 cm x 30 cm
- Wollnadel

MASCHENPROBE

Stb mit Nd 4,0 mm
15 M und 8,5 R = 10 cm x 10 cm

ANLEITUNG

Hinweis: Bitte bei der Vorderseite genau beachten, ob am Ende der R gewendet wird oder nicht!

Das Kissen wird in einem Stück gehäkelt.

Für die 1. Hälfte der Rückseite in Natur 79 Lm anschl. Weiter in R mit den angegebenen Steige-Lm häkeln.

1. R (Rückr): Ab der 4. Lm von der Nd aus 76 Stb häkeln (= 77 M).

2. R (Hinr): 3 Steige-Lm (= 1. Stb), 76 Stb häkeln, wenden (= 77 M).

3.-17. R: Wie die 2. R häkeln.

Nun die Vorderseite der Kissenhülle häkeln. Ggf. am Rand einen Kontrastfaden als Markierung einziehen.

18.-20. R: Wie die 2. R häkeln.

21. R (Rückr): 3 Steige-Lm, 1 Stb, * 1 Stb in das vordere M-Glied, 3 Stb, ab * noch 17x wdh, 1 Stb in das vordere M-Glied, 2 Stb.

Den Faden in Natur stilllegen, aber nicht abschneiden.

Wenden.

Nun in Gold in der 1. M an der rechten Seite der 21. R mit 1 fM anschlingen. Die Lm der folgenden R nicht zu fest häkeln!

22. R (Hinr in Gold): * 3 Lm, 1 Km in das nächste hintere freie M-Glied der 21. R (= M, in die zuvor in das vordere M-Glied gehäkelt wurde), 3 Lm, 1 fM in das mittlere der 3 Stb, ab * noch 18x wdh, die letzte fM in die 3. Steige-Lm vom Beginn der 21. R häkeln.

Den Faden in Gold abschneiden und sichern.

Nicht wenden.

Den Faden in Natur auf der rechten Seite wieder aufnehmen.

23. R (Hinr in Natur): 3 Steige-Lm, * 3 Stb (= Mitte des Zickzack-Musters), 1 Relief-hStb von vorne um die nächste fM der 22. R arb, ab * noch 18x wdh.

Wenden.

24. R (Rückr): 3 Steige-Lm, 76 Stb häkeln.

Den Faden in Natur stilllegen, aber nicht abschneiden.

Wenden.

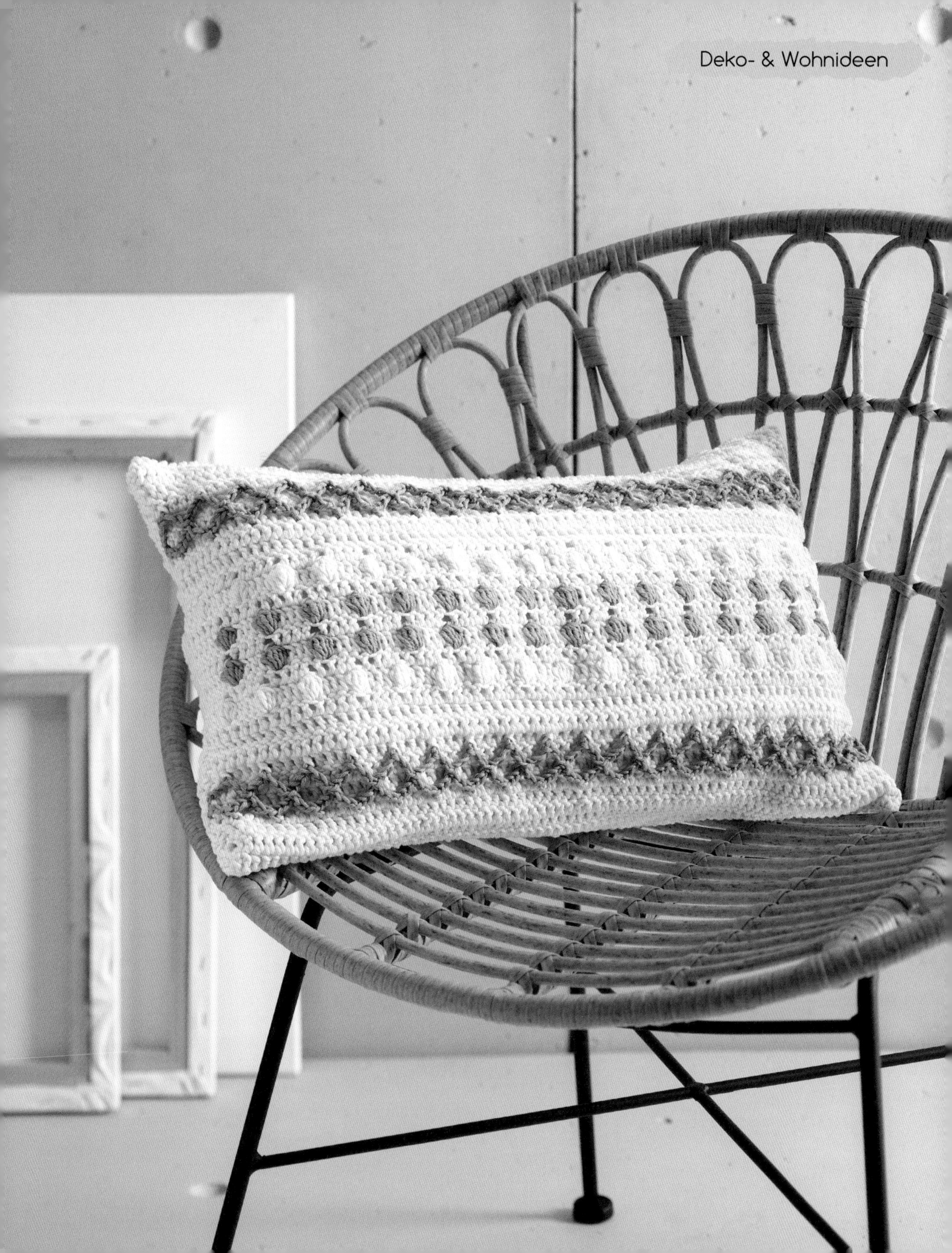

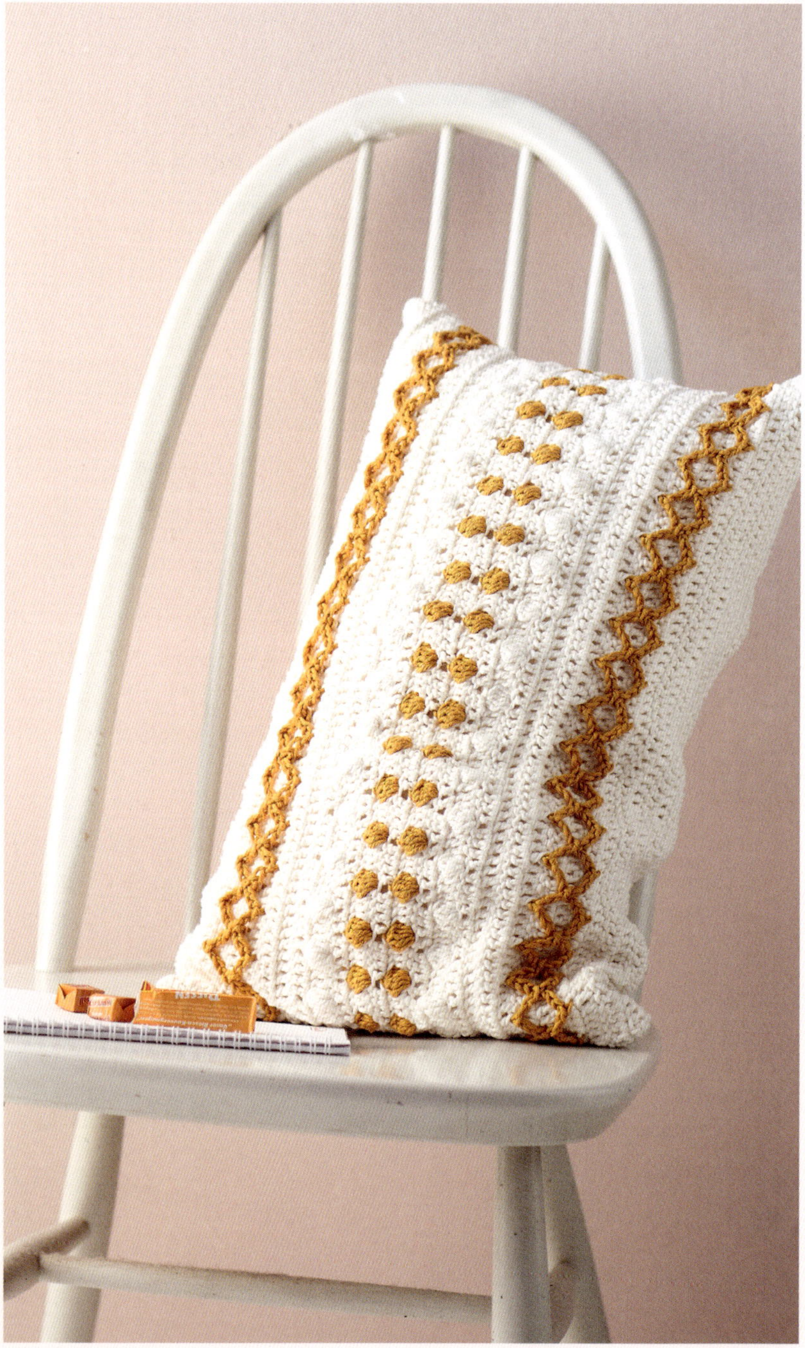

In Gold in der 1. M auf der rechten Seite der 22. R mit 1 fM anschlingen. Die Lm der folgenden R nicht zu fest häkeln!

25. R (Hinr in Gold): 3 Lm, 1 fM in die 3. M der 24. R, * 3 Lm, 1 Km um die nächste vorne liegende fM in Gold der 22. R, 3 Lm, 3 M der 24. R überspringen, 1 fM in die nächste M, ab * noch 18x wdh, 3 Lm, 1 Km in die selbe M am Ende der 22. R.

Den Faden in Gold abschneiden und sichern.

Nicht wenden.

Den Faden in Natur auf der rechten Seite wieder aufnehmen.

26. R (Hinr in Natur): 3 Steige-Lm, 1 Stb, * 1 Relief-hStb von vorne um die nächste fM der 25. R, 3 Stb, ab * noch 17x wdh, 1 Relief-hStb von vorne um die nächste fM der 25. R, 2 Stb.

Wenden.

27.-29. R: Wie die 2. R häkeln.

30. R (Hinr): 3 Steige-Lm, 3 Stb, * 1 Popcorn-M (= 5 Stb in 1 M zusammen abmaschen + 1 Lm, siehe Seite 70), 3 Stb, ab * noch 17x wdh, 1 Stb.

Wenden.

31. R: 3 Steige-Lm, 76 Stb häkeln. Achtung, dabei nicht in die Lm der Popcorn-M häkeln.

Wenden.

32. R (Hinr): Nun abwechselnd in Natur (N) und Gold (G) häkeln. (N) 3 Steige-Lm, 5 Stb, dabei das 5. Stb mit (G) abmaschen, (G) 1 Popcorn-M, dabei die 6 Schlaufen + 1 Lm in (N) abmaschen, * Faden in (G) mitführen/umhäkeln: (N) 3 Stb, das 3. Stb mit (G) abmaschen, (G) 1 Popcorn-M, dabei die 6 Schlaufen + 1 Lm in (N) abmaschen, ab * noch 15x wdh, 6 Stb. Den Faden in Gold abschneiden und sichern.
Wenden.
33. R: Wie die 31. R häkeln.
34. R: Wie die 32. R häkeln
35. R: Wie die 31. R häkeln.
36. R: Wie die 30. R häkeln.
37. R: Wie die 31. R häkeln.
38.+39. R: Wie die 2. R häkeln.
40. R (Hinr): 3 Steige-Lm, 1 Stb, * 1 Stb in das hintere M-Glied, 3 Stb, ab * noch 17x wdh, 1 Stb in das hintere M-Glied, 2 Stb.
Den Faden in Natur stilllegen, aber nicht abschneiden.
Nicht wenden.
In Gold in der 3. Steige-Lm auf der rechten Seite der 40. R mit 1 fM anschlingen. Die Lm der folgenden R nicht zu fest häkeln!
41. R (Hinr in Gold): * 3 Lm, 1 Km um das nächste freie M-Glied der 40. R (= M, in die zuvor in das hintere M-Glied gehäkelt wurde), 3 Lm, 1 fM in das mittlere der 3 Stb, ab * noch 18x wdh. 1 fM in das letzte Stb häkeln.
Den Faden in Gold abschneiden und sichern.
Wenden.
Den Faden in Natur wieder aufnehmen.
42. R (Rückr in Natur): 3 Steige-Lm, * 3 Stb (= Mitte des Zickzack-Musters), 1 Relief-hStb von vorne um die fM der 41. R, ab * noch 18x wdh.
Wenden.
43. R (Hinr): Wie die 2. R häkeln.
Den Faden in Natur stilllegen, aber nicht abschneiden.
Nicht wenden.
In Gold in der 1. fM der 41. R anschlingen.
44. R (Hinr in Gold): 3 Lm, 1 fM in die 3. M der 43. R, * 3 Lm, 1 Km um die nächste vorne liegende fM der 41. R, 3 Lm, 3 M der 43. R überspringen, 1 fM in die nächste M, ab * noch 17x wdh, 3 Lm, 1 Km um die letzte vorne liegende fM der 41. R.
Faden in Gold abschneiden und sichern.
Wenden.
Den Faden in Natur wieder aufnehmen.
45. R: 3 Steige-Lm, 1 Stb, * 1 Relief-hStb von vorne um die nächste fM der 44. R, 3 Stb, ab * noch 17x wdh, 1 Relief-hStb von vorne um die nächste fM der 44. R, 2 Stb.
Wenden.
46.-48. R: Wie die 2. R häkeln.
Ab hier die 2. Hälfte der Rückseite häkeln. Ggf. am Rand einen Kontrastfaden einziehen.
49.-65. R: Wie die 2. R häkeln.
Faden abschneiden und sichern.

FERTIGSTELLEN

Die Kissenhülle mit der rechten Seite innen so zusammenklappen, dass 7 R der Rückseite sich überlappen. Die Kontrastfäden dabei beachten. Die Seiten zusammennähen oder -häkeln. Alle restlichen Fäden vernähen. Die Hülle auf rechts drehen und die Kissenfüllung einlegen.

BRIGHTNESS

Coole Spiegelumrandung

GRÖSSE

7,5 cm breit, ø 26 cm innen, ø 41 cm außen

MATERIAL

- Schachenmayr Catania Grande (LL 63 m/50 g) in Natur (Fb 3105), 100 g und Gold (Fb 3249), 50 g
- Häkelnadel 5,0 mm
- Spiegel ø 26 cm (zzgl. 4 cm Holzrand)
- doppelseitiges Klebeband oder Alleskeber
- Wollnadel

ANLEITUNG

140 Lm in Natur anschl und mit 1 Km zur Rd schließen, dabei darauf achten, dass die Lm-Kette nicht verdreht wird. Weiter in geschlossenen Rd mit den angegebenen Steige-Lm häkeln.

1. Rd: 3 Steige-Lm, 140 Stb häkeln.

2. Rd: 1 Steige-Lm, dann nur in die vorderen M-Glieder wie folgt häkeln: * 2 fM, 1 hStb, 1 Stb, 3 DStb, 1 Stb, 1 hStb, 1 fM, ab * noch 13x wdh. Mit 1 Km schließen.

3. Rd: 1 Steige-Lm, * 2 fM, 1 hStb, 1 Stb, 2 DStb in 1 M, in die nächste M (2 Dreifach-Stb, 2 Lm, 1 Km in das 3. vordere M-Glied von der Nd aus), 2 DStb in 1 M, 1 Stb, 1 hStb, 1 fM, ab * noch 13x wdh. Mit 1 Km schließen.

Den Faden abschneiden und sichern.

Das bisher Gehäkelte nach vorn klappen und in Gold in der 2. Rd in einem hinteren M-Glied eines mittleren (von 3) DStb anschlingen.

4. Rd: * 2 fM, 1 hStb, 1 Stb, 3 DStb, 1 Stb, 1 hStb, 1 fM, ab * noch 13x wdh. Mit 1 Km schließen.

5. Rd: Wie die 3. Rd häkeln.

Den Faden abschneiden und sichern. Alle Fäden vernähen.

FERTIGSTELLEN

Die Einfassung auf den Holzrand kleben. Wenn der Spiegel keinen Rand hat, die Einfassung direkt auf dem Spiegel befestigen.

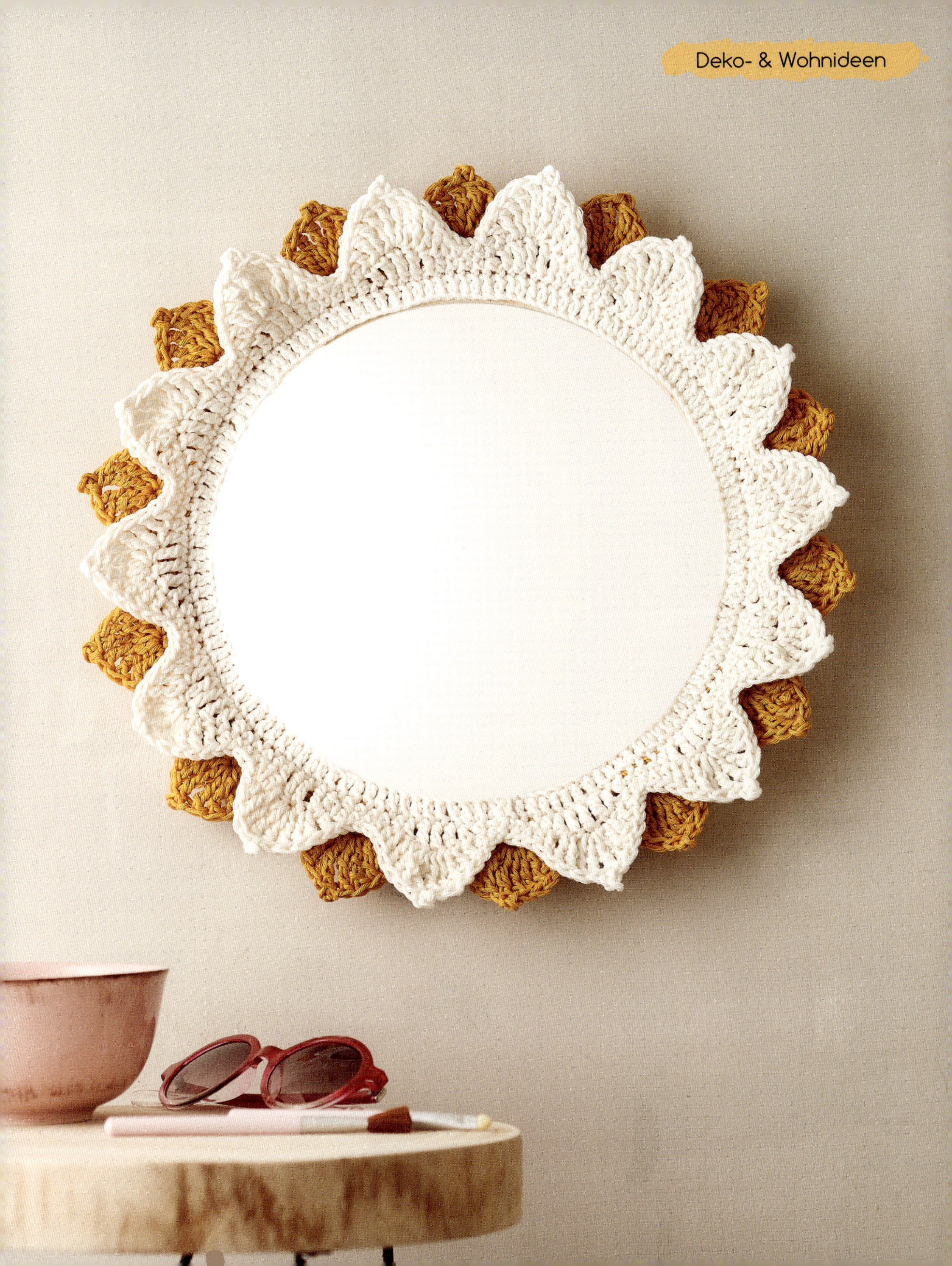

ORGANIZED

Modernes Utensilo

GRÖSSE

21 cm x 30 cm (Häkelteil)

21 cm x 43 cm
(mit Fransen und Ring)

MATERIAL

- Schachenmayr Catania Grande (LL 63 m/50 g) in Schlamm (Fb 3406), 150 g
- Häkelnadel 5,0 mm
- Holzring, ø 4 cm
- 2 Holzperlen, ø 1 cm, 2 cm lang
- Holzperle, ø 1 cm
- Wollnadel

MASCHENPROBE

Im Rippenmuster
mit Nd 5,0 mm
18 M und 11 R
= 10 cm x 10 cm

RIPPENMUSTER

1 R fM in die hinteren M-Glieder, 1 R Stb in die hinteren M-Glieder im Wechsel häkeln.

ANLEITUNG

51 Lm anschl. Weiter in R mit den angegebenen Steige-Lm häkeln.

1. R: Ab der 2. Lm von der Nd aus 50 fM häkeln. (= 50 M).

2. R: 3 Steige-Lm, 49 Stb in die hinteren M-Glieder häkeln.

3. R: 1 Steige-Lm, 50 fM in die hinteren M-Glieder häkeln.

Die 2. und 3. R fortlaufend wdh, bis das Häkelteil quadratisch ist.

Letzte R: Die letzte R sollte eine R mit fM sein, dabei die fM in beide M-Glieder arb. Die letzte M nicht häkeln. Stattdessen den Holzring hinter die Arbeit legen und mit 5 fM einhäkeln.

Weiter den linken Seitenrand vom Holzring aus gesehen mit fM behäkeln. Dazu am Rand der Stb-R jeweils 2 fM und am Rand der fM-R je 1 fM arb (= 50 M).

Den Faden lang abschneiden und sichern.

FERTIGSTELLEN

Die rechte Seite des Häkelteils nach unten legen, die Ecke mit dem Holzring nach oben. Nun die restlichen 3 Ecken ohne Holzring, wie bei einem Briefumschlag, in die Mitte falten. Eine Diagonale kann mit dem langen Fadenende geschlossen werden. Die 2. Diagonale mit einem neuen Faden schließen. Nach Wunsch das Utensilo noch mit Holzperlen verzieren. Alle Fäden vernähen.

Für die Fransen 27 Fäden von 16 cm Länge zuschneiden. Je 3 Fäden zusammennehmen und an 9 Stellen an der Unterkante des Utensilos einknüpfen. Zum Schluss die Fransen auf eine Länge schneiden.

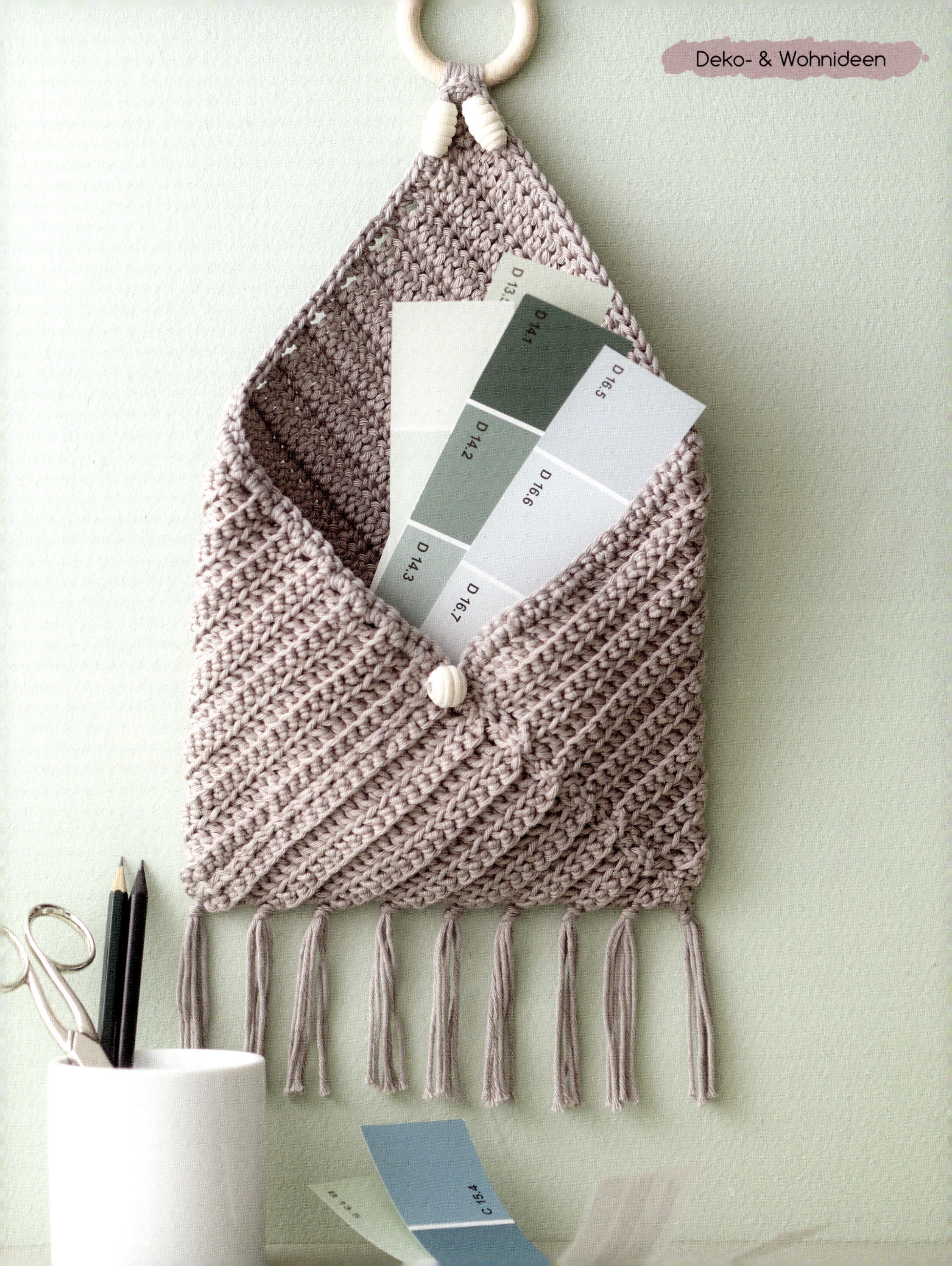
D 14.1
D 16.5
D 14.2
D 16.6
D 14.3
D 16.7
C 15.4

HOMELY

Dekorativer Wandbehang

GRÖSSE

Breite: 62 cm Astlänge,
42 cm Häkelstück

Länge: 37 cm Ast 1 bis Ast 2,
70 cm Ast 1 bis Fransenende

MATERIAL

- Schachenmayr Catania Grande (LL 63 m/50 g) in Natur (Fb 3105), 350 g
- Häkelnadel 4,5 mm
- 3 Maschenmarkierer
- 2 Äste oder Holzstöcke, je 60 cm lang
- 2 Holzperlen, ø 2 cm
- 2 Holzperlen, ø 3 cm
- Wollnadel

ANLEITUNG

Der Wandbehang wird mit doppeltem Faden gehäkelt und erst danach an den Stöcken befestigt.

Mit doppeltem Faden 60 Lm anschl. Weiter in R mit den angegebenen Steige-Lm häkeln.

1. R: 4 Steige-Lm, (3 Lm, 1 DStb) in dieselbe M, 5 Lm überspringen, * (1 DStb, 5 Lm, 1 DStb) in 1 M, 5 M überspringen, ab * noch 8x wdh. Enden mit (1 DStb, 3 Lm, 1 DStb) in die letzte M.

2. R: 3 Steige-Lm, 2 Lm, 2 Stb in den 1. Lm-Bogen, 1 Stb in den Zwischenraum der DStb der Vor-R häkeln, * (2 Stb, 2 Lm, 2 Stb) in den 5er-Lm-Bogen, 1 Stb in den Zwischenraum der DStb, ab * noch 8x wdh. Enden mit 2 Stb, 2 Lm, 1 Stb.

3. R: 4 Steige-Lm, (3 Lm, 1 DStb) in den 1. Lm-Bogen, 5 Lm überspringen, * (1 DStb, 5 Lm, 1 DStb) in den nächsten Lm-Bogen, ab * noch 8x wdh. (1 DStb, 3 Lm, 1 DStb) in die letzte M.

4.-7. R: Die 2. und 3. R fortlaufend wdh.

Nun ein Gittermuster arb.

8. R: 3 Steige-Lm, 1 Lm, 1 Stb in die 2. M des Lm-Bogens, 1 Lm, 1 Stb in den Zwischenraum der DStb, 1 Lm, * 1 Stb in die 2. M des Lm-Bogens, 1 Lm, 1 Stb in die 4. M des Lm-Bogens, 1 Lm, 1 Stb in den Zwischenraum der DStb, 1 Lm ab * noch 7x wdh. Enden mit 1 Stb auf das DStb der Vor-R, 1 Lm, 1 Stb in die 2. M des Lm-Bogens, 1 Lm, 1 Stb auf die letzte M.

9. R: 3 Steige-Lm, 1 Lm, * 1 Stb, 1 Lm, ab * fortlaufend wdh, also alle Stb auf die Stb der Vor-R arb.

10. R: Wie die 9. R häkeln.

Bei diesem Gittermuster sind 31 Zwischenräume entstanden. In den 8., 16. und 24. Zwischenraum jeweils 1 M-Markierer einhängen. Die Büschel-M im folgenden Muster bestehen aus 5 Stb.

11. R: 3 Steige-Lm, * [7x (1 Lm, 1 Stb), (1 Büschel-M, 1 Stb) in den markierten Zwischenraum], ab * noch 2x wdh. Enden mit 7x (1 Lm, 1 Stb).

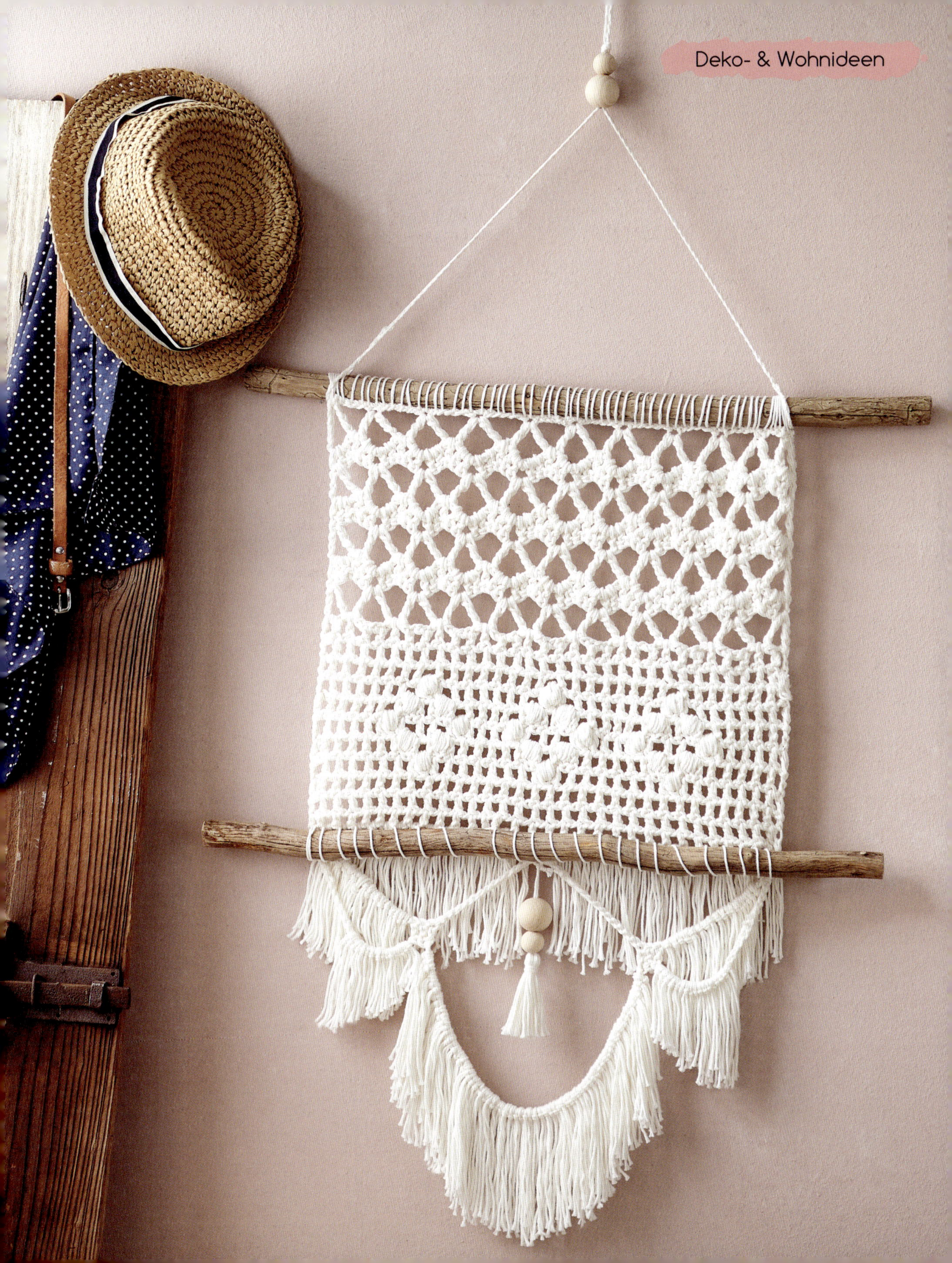

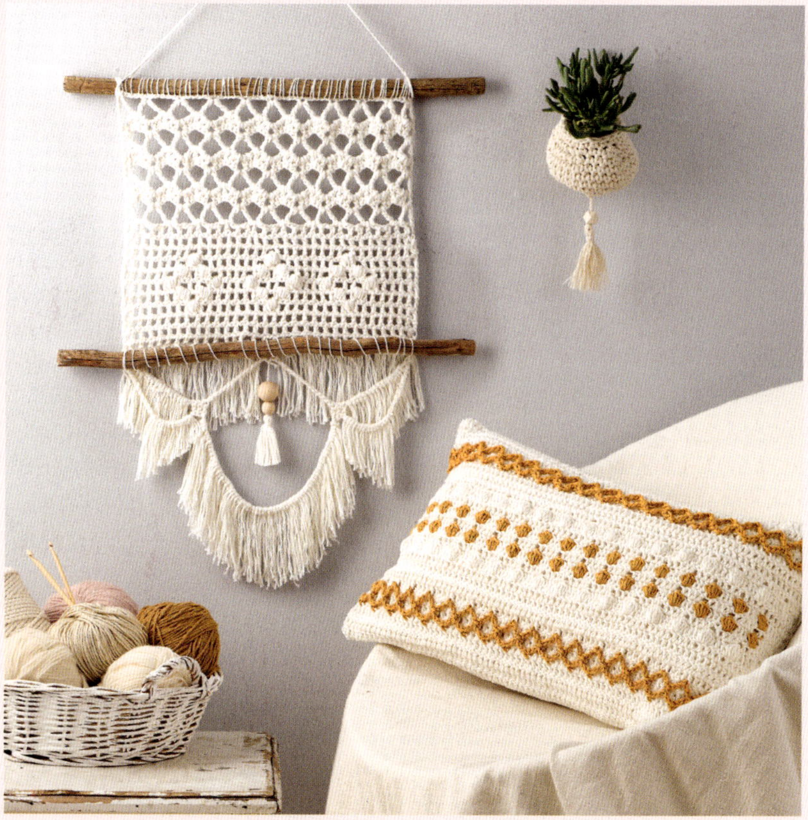

12. R: 3 Steige-Lm, 1 Lm, 1 Stb, * [5x (1 Lm, 1 Stb), (1 Büschel-M, 1 Stb, 1 Lm, 1 Stb, 1 Büschel-M, 1 Stb)], ab * noch 2x wdh. Enden mit 6x (1 Lm, 1 Stb).

13. R: 3 Steige-Lm, 2x (1 Lm, 1 Stb), * [3x (1 Lm, 1 Stb), 1 Büschel-M, 1 Stb, 3x (1 Lm, 1 Stb), 1 Büschel-M, 1 Stb], ab * noch 2x wdh. Enden mit 5x (1 Lm, 1 Stb).

14. R: Wie die 12. R häkeln.

15. R: Wie die 11. R häkeln.

16.-18. R: Wie die 9. R häkeln.

19. R: 30 Lm, 1 Stb in das 16. Stb der Vor-R, 1 Stb in den Zwischenraum, 1 Stb in das 17. Stb der Vor-R, 30 Lm, 1 fM in die letzte M.

20 R: 20 Lm, je 1 Stb in die 14., 15. und 16. M des Lm-Bogens, 40 Lm, je 1 Stb in die 14., 15. und 16. M des 2. Lm-Bogens, 20 Lm, 1 fM in die letzte M.

FERTIGSTELLEN

Das Häkelstück mit großen Überwendlingsstichen an beiden Holzstücken befestigen. Für die Aufhängung eine Lm-Kette in der gewünschten Länge häkeln. Nach Belieben noch 2 Holzperlen auffädeln.

Zum Schluss Fransen entlang der 18. R und in die Lm-Bögen der 19. und 29. R. einknüpfen. Dafür ca. 300 Fäden von ca. 20 cm Länge zuschneiden und mit Hilfe der Häkelnd einknüpfen. Dann die Fransen zurechtschneiden. Eine Quaste von ca. 8 cm Höhe anfertigen und mit 2 Holzperlen in der unteren Mitte befestigen.

MAGICAL

Hübscher Wandbehang mit Reif

GRÖSSE
21 cm x 36 cm
(ohne Reif und Fransen)

MATERIAL
- Schachenmayr Catania Grande (LL 63 m/50 g) in Natur (Fb 3105), 50 g
- Häkelnadel 5,0 mm
- Metallring, ø 35 cm
- 9 Holzperlen, ø 1 cm, 1x 1 cm lang, 4x 1,5 cm lang, 4x 2 cm lang
- Wollnadel

ANLEITUNG

1. R: Am Metallring den Faden anschlingen und 33 fM um den Ring häkeln (= 33 M).
Weiter in R mit den angegebenen Steige-Lm häkeln.

2. R: 1 Steige-Lm, 4 fM, 4 hStb, 4 Stb, 4 DStb, 3 Dreifach-Stb in die 17. M (= Mittel-M), 4 DStb, 4 Stb, 4 hStb, 4 fM (= 35 M).

3. R: 5 Lm, 4 M überspringen, 1 fM, 6 Lm, 4 M überspringen, 1 fM, 7 Lm, 4 M überspringen, 1 fM, 8 Lm, 4 M überspringen, 1 fM, 7 Lm, 4 M überspringen, 1 fM, 6 Lm, 4 M überspringen, 5 Lm, 4 M überspringen, 1 fM.

4. R: 2 Steige-Lm, 1 fM in den 1. Lm-Bogen, 5 Lm, 1 fM in den nächsten Lm-Bogen, * 6 Lm, 1 fM in den nächsten Lm-Bogen, ab * noch 1x wdh, 7 Stb in den selben Lm-Bogen, 1 fM, ** 6 Lm, 1 fM in den nächsten Lm-Bogen, ab ** noch 1x wdh, 5 Lm, 1 fM in den letzten Lm-Bogen.

5. R: 2 Steige-Lm, 1 fM in den 1. Lm-Bogen, 5 Lm, 1 fM in den nächsten Lm- Bogen, 6 Lm, 1 fM in den nächsten Lm-Bogen, 1 Lm, 1 Stb in die 1. fM im Lm-Bogen, 1 Lm, 1 M überspringen, 1 DStb, 1 Lm, 1 M überspringen, 3 Dreifach-Stb in die Mittel-M, 1 Lm, 1 M überspringen, 1 DStb, 1 Lm, 1 M überspringen, 1 Stb, 1 Lm, 1 fM in den nächsten Lm-Bogen, 6 Lm, 1 fM in den nächsten Lm-Bogen, 5 Lm, 1 fM in den letzten Lm-Bogen.

6. R: 1 Steige-Lm, 1 fM in den 1. Lm-Bogen, 6 Lm, 1 fM in den nächsten Lm-Bogen, 8 Lm, 1 fM in das 1. Dreifach-Stb der 5. R, 3 hStb in das mittlere Dreifach-Stb (= Mittel-M), 1 fM in das 3. Dreifach-Stb, 8 Lm, 1 fM in den nächsten Lm-Bogen, 6 Lm, 1 fM in den letzten Lm-Bogen.

7. R: 3 Steige-Lm, 6 Stb in den 1. Lm-Bogen, 8 Stb in den nächsten Lm-Bogen, 5 Dreifach-Stb in das mittlere hStb der 6. R (= Mittel-M), 8 Stb in den nächsten Lm-Bogen, 6 Stb in den letzten Lm Bogen, 1 Stb auf die fM aus der Vor-Rd.

8. R: 1 Steige-Lm, * 5 fM, 1 hStb, 1 Stb, 1 hStb, ab * noch 1x wdh, 2 hStb in 1 M, (2 Stb, 1 DStb, 2 Stb) in die Mittel-M, 2 hStb in 1 M, ** 1 hStb, 1 Stb, 1 hStb, 5 fM,

ab ** noch 1x wdh, dabei die letzte fM in die 3. Steige-Lm der 7. R arb.

In der nächsten R verkreuzte Stb und DStb häkeln:

9. R: 3 Steige-Lm, 3 M überspringen, 1 Stb in die 4. M, 1 Stb in die 3. M, dabei vorne verkreuzen. 5. und 6. M überspringen, 1 DStb in die 7. M, 1 DStb in die 6. M, dabei vorne verkreuzen. * 2 M überspringen, 1 DStb in die nächste M, 1 DStb in die vorherige M, dabei vorne verkreuzen, ab * noch 4x wdh. 1 M überspringen, (1 DStb, 1 Lm, 1 DStb, 1 Lm, 1 Dreifach-Stb, 1 Lm, 1 DStb, 1 Lm, 1 DStb) in die Mittel-M. * 2 M überspringen, 1 DStb in die nächste M, 1 DStb in die vorherige M, dabei hinten verkreuzen, ab * noch 4x wdh. 2 M überspringen, 1 Stb in die nächste M, 1 Stb in die vorherige M, dabei hinten verkreuzen, 1 Stb in die 3. Steige-Lm der 8. R.

10. R: 42 Lm, 1 M überspringen, 1 fM, 2 Km, 32 Lm, 1 M überspringen, 1 fM, 2 Km, 22 Lm, 1 M überspringen, 1 fM, 2 Km, 12 Lm, 1 M überspringen, 1 fM, 1 Km, 1 M überspringen, 1 Km in die Mittel-M, 6 Lm, 1 Km wieder in die Mittel-M, 1 M überspringen, 1 Km, 12 Lm, 1 M überspringen, 1 fM, 2 Km, 22 Lm, 1 M überspringen, 1 fM, 2 Km, 32 Lm, 1 M überspringen, 1 fM, 2 Km, 42 Lm, 1 M überspringen, 1 Km in die 3. Steige-Lm der 9. R.

Den Faden abschneiden und sichern. Alle Lm-Bögen glattlegen. Den Faden wieder im 1. Lm-Bogen mittig anschlingen.

11. R: 3 Lm, 3 Stb in den selben Lm-Bogen. * 4 Stb in den nächsten Lm-Bogen, ab * noch 2x wdh. 1 Stb in den mittleren Lm-Bogen. ** 4 Stb in den nächsten Lm-Bogen, ab ** noch 3x wdh.

12. R: 3 Steige-Lm, 14 Stb, 3 M überspringen, 15 Stb.

Den Faden abschneiden und sichern. Alle Fäden vernähen.

FERTIGSTELLEN

Das Häkelteil anfeuchten und spannen. Für die Fransen 33 Fäden von ca. 35 cm Länge zuschneiden. In jede M der 12. R 1 Franse mit der Häkelnd einknüpfen und durch die Schlinge ziehen. Dabei nach Wunsch Holzperlen auffädeln und mit einem Knoten sichern. Die Fransen gerade oder dem Muster folgend kürzen.

TIPP DER METALLRING KANN ZUSÄTZLICH MIT TROCKENBLUMEN ODER GRÄSERN DEKORIERT WERDEN. WER WILL, KANN AUCH EINEN ETWAS KLEINEREN RING VERWENDEN.

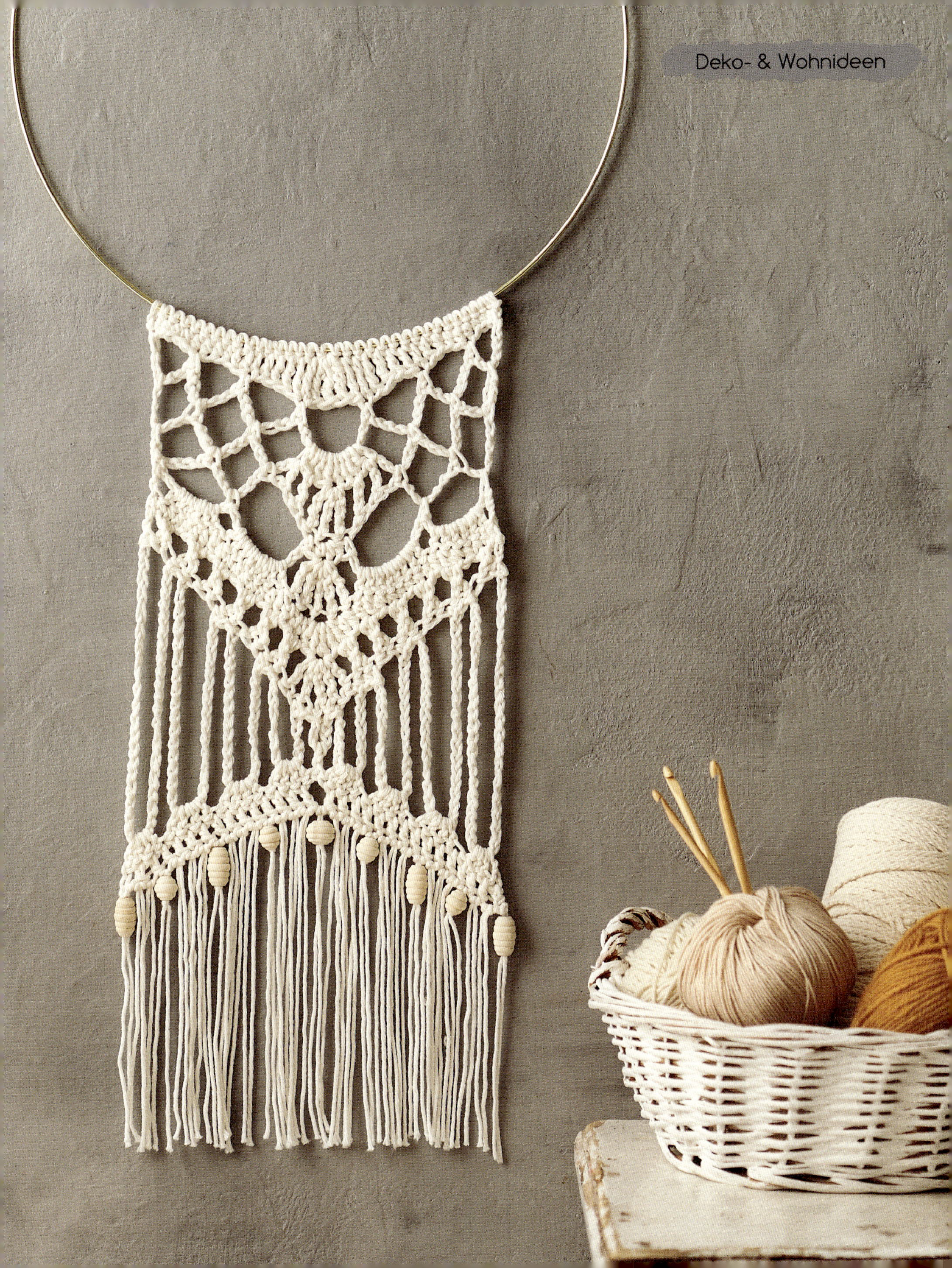

FABULOUS

Große Blumenampel

GRÖSSE

Für einen Blumentopf mit ø 13 cm und 13 cm Höhe

MATERIAL

- myboshi Makramee-Garn, 2 mm, geflochten (LL 100 m) in Natur, 1 Kone
- Häkelnadel 6,0 mm
- Holzring, ø 5 cm
- Holzring, ø 3 cm
- Holzperle, ø 1,5 cm
- Sekundenkleber
- Wollnadel

TIPP FÜR EINEN BLUMENTOPF MIT GRÖSSEREM DURCHMESSER KANN DIE ANZAHL DER LM AB DER 3. RD ERHÖHT WERDEN. STATT 6 LM KÖNNEN HIER BIS ZU 12 LM GEHÄKELT WERDEN. FÜR MEHR HÖHE KÖNNEN DIE 3. UND 4. RD WIEDERHOLT WERDEN.

ANLEITUNG

1. Rd: Das Garn am großen Ring (ø 5 cm) anschlingen und mit 25 fM umhäkeln. Die Rd mit 1 Km schließen. Weiter in geschlossenen Rd mit den angegebenen Steige-Lm häkeln.

2. Rd: * 10 Lm, 4 M überspringen, 1 fM, ab * noch 3x wdh. 5 Lm, 1 DStb in die letzte M.

3. Rd: 3 Steige-Lm,* 6 Lm, (1 Stb, 2 Lm, 1 Stb) in die 5. M des nächsten Lm-Bogens der Vor-Rd, ab * noch 4x wdh. Mit 1 fM in die 4. Lm vom Beginn der Rd schließen.

4. Rd: 3 Steige-Lm, * 6 Lm, (2 Stb, 2 Lm, 2 Stb) in den 2er-Lm-Bogen, ab * noch 4x wdh. Mit 1 Km schließen.

5. Rd: 3 Steige-Lm, * 6 Lm, 5 Stb in den 2er-Lm-Bogen, ab noch 4x wdh. Mit 1 Km schließen.

6. Rd: * 65 Lm, 1 fM in das mittlere Stb der 5er-Stb-Gruppe, ab * noch 4x wdh. Den Faden abschneiden und sichern. Alle Fäden vernähen.

FERTIGSTELLEN

Für die Aufhängung ein ca. 3 m langes Stück Makramee-Garn abschneiden. Das Garnstück jeweils durch die 33. Lm der großen Lm-Bögen der 6. Rd ziehen. Die so entstandenen Schlaufen werden bis zur Mitte des Garns gezogen, so dass nun das Makramee-Garn auf einer Länge von etwa 2 m doppelt liegt. Eine Holzperle über beide Fadenenden fädeln und bis zu den Schlaufen nach unten ziehen. Hierbei hilft eine Wollnd oder eine dünnere Häkelnd. Danach eine Lm-Kette von 20 Lm anfertigen. Den kleinen Holzring von ø 3 cm mit 2 fM an der Lm-Kette anhäkeln. Die Fadenenden abschneiden und vernähen. Etwas Sekundenkleber auftragen, damit sich die Fäden nicht aufdröseln.

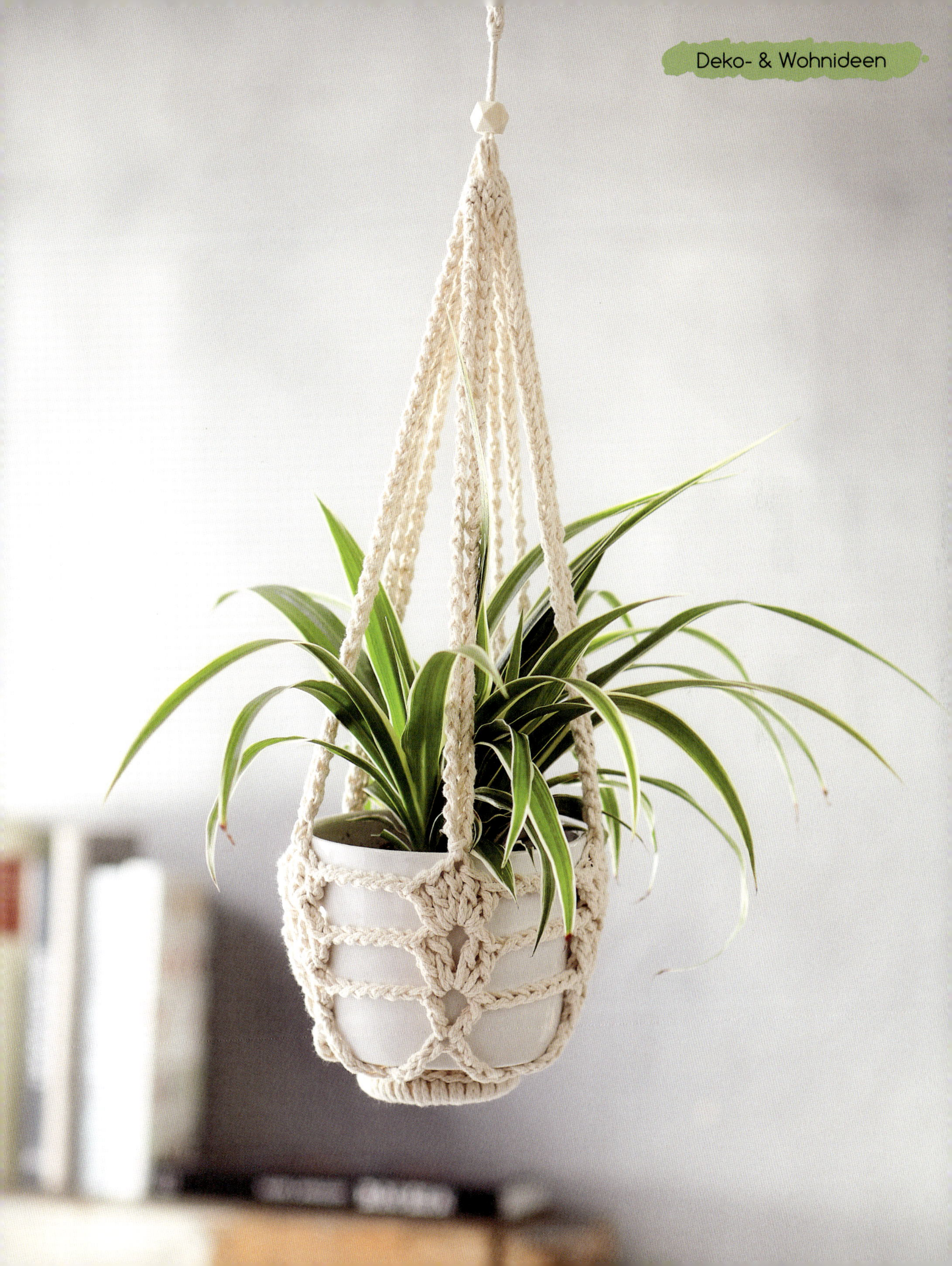

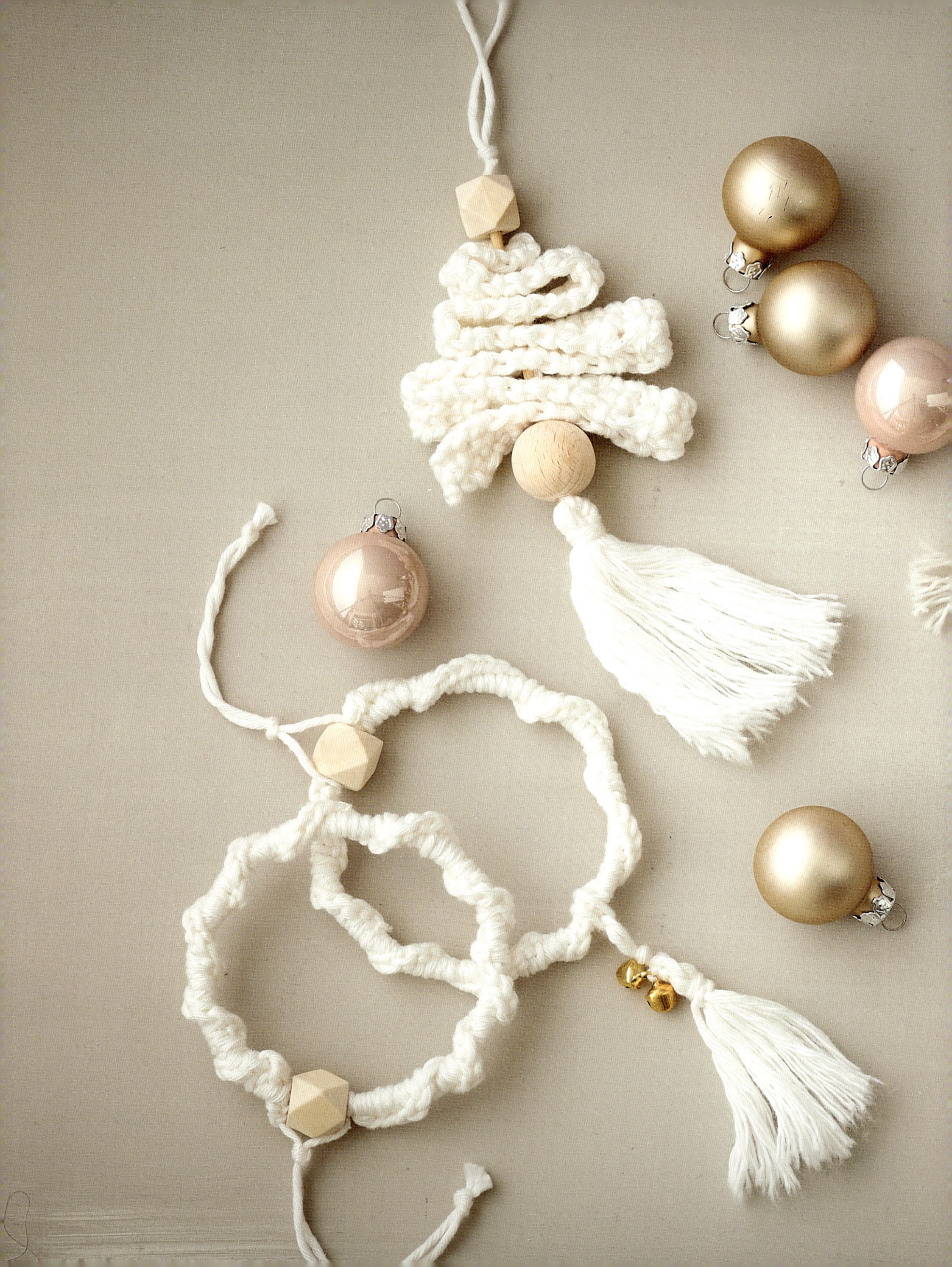

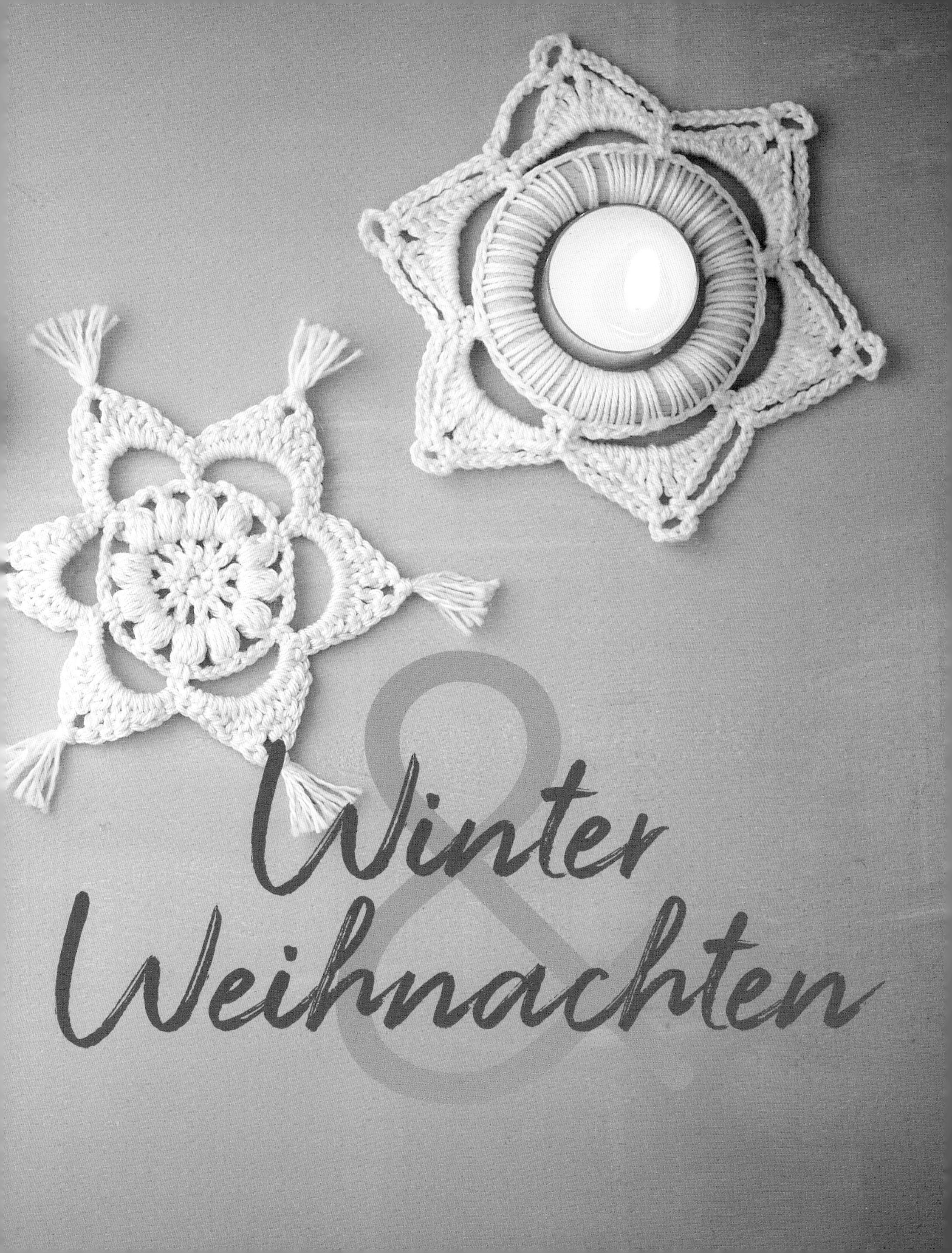

Winter & Weihnachten

ANTICIPATION

Runder Geschenkanhänger

GRÖSSE
ø 5-6 cm

MATERIAL
- Schachenmayr Catania Grande (LL 63 m/50 g) in Natur (Fb 3105), Rest
- Häkelnadel 2,75 mm
- Basteldraht, ø 1 mm
- 2 Holzperlen, ø 1,5 cm
- Sekundenkleber
- Wollnadel

ANLEITUNG
Ein Stück Draht von ca. 20 cm zu einem Kreis biegen. 1 Holzperle auf einen etwa 25 cm langen Faden fädeln und die Enden verknoten. Die Drahtenden von beiden Seiten in die Perle stecken, mit Sekundenkleber fixieren und trocknen lassen. Für den Aufhänger den Faden über der Perle noch einmal verknoten.
Das Garn am Ring anschlingen, den Ring vorsichtig, aber dicht mit fM umhäkeln und die Rd mit 1 Km schließen. Den Faden abschneiden.

FERTIGSTELLEN
Die Umhäkelung so eindrehen, dass sich der obere Rand der M wie eine Spirale um das Metall schlängelt. Alle Fäden vernähen und eventuell mit einem Tropfen Sekundenkleber fixieren. Nach Belieben weitere Deko-Elemente wie Glöckchen, Quasten, Fransen oder Trockenblüten anbringen.

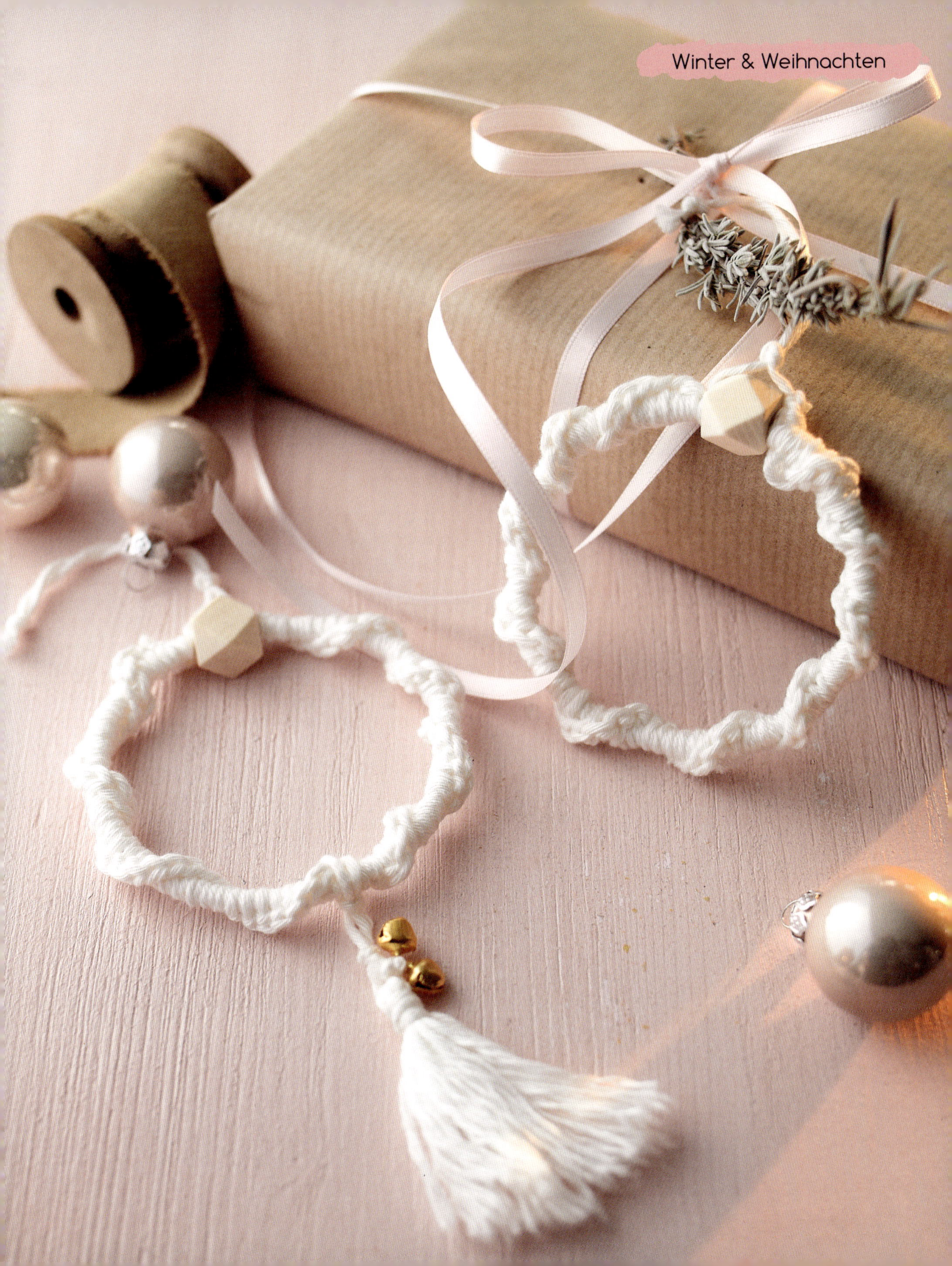

BLAZE OF LIGHTS

Kleiner Teelicht-Halter

GRÖSSE

ø 14 cm

MATERIAL

- Schachenmayr Catania (LL 125 m/50 g) in Natur (Fb 105), Rest
- Häkelnadel 2,5 mm
- Holzring, ø 5 cm
- Wollnadel

ANLEITUNG

1. Rd: Das Garn am Holzring anschlingen, mit 42 fM umhäkeln und die Rd mit 1 Km schließen (= 42 M).

2. Rd: * 12 Lm, 6 M überspringen, 1 fM in die nächste M, ab * noch 5x wdh. Mit 1 Km schließen.

3. Rd: * (3 fM, 2 hStb, 2 Stb, 1 DStb , 2 Lm, 1 DStb, 2 Stb, 2 hStb, 3 fM) in den nächsten Lm-Bogen, 1 fM auf die fM der Vor-Rd. Ab * noch 5x wdh. Mit 1 Km schließen.

Da die M in die Bögen und nicht in die einzelnen M der Bögen gehäkelt werden, am Ende der Rd die M gleichmäßig und glatt zurechtzupfen.

4. Rd: * 8 Lm, 1 fM in den 2er-Lm-Bogen der Spitze, 5 Lm, 1 fM in den selben 2er-Lm-Bogen, 8 Lm, 1 fM in die fM der Vor-Rd. Ab * noch 5x wdh. Mit 1 Km schließen.

Den Faden abschneiden und vernähen.

TIPP ZUSÄTZLICH KANN MAN IN DIE KLEINEN BÖGEN AN DEN SPITZEN NOCH KURZE FRANSEN EINKNÜPFEN.

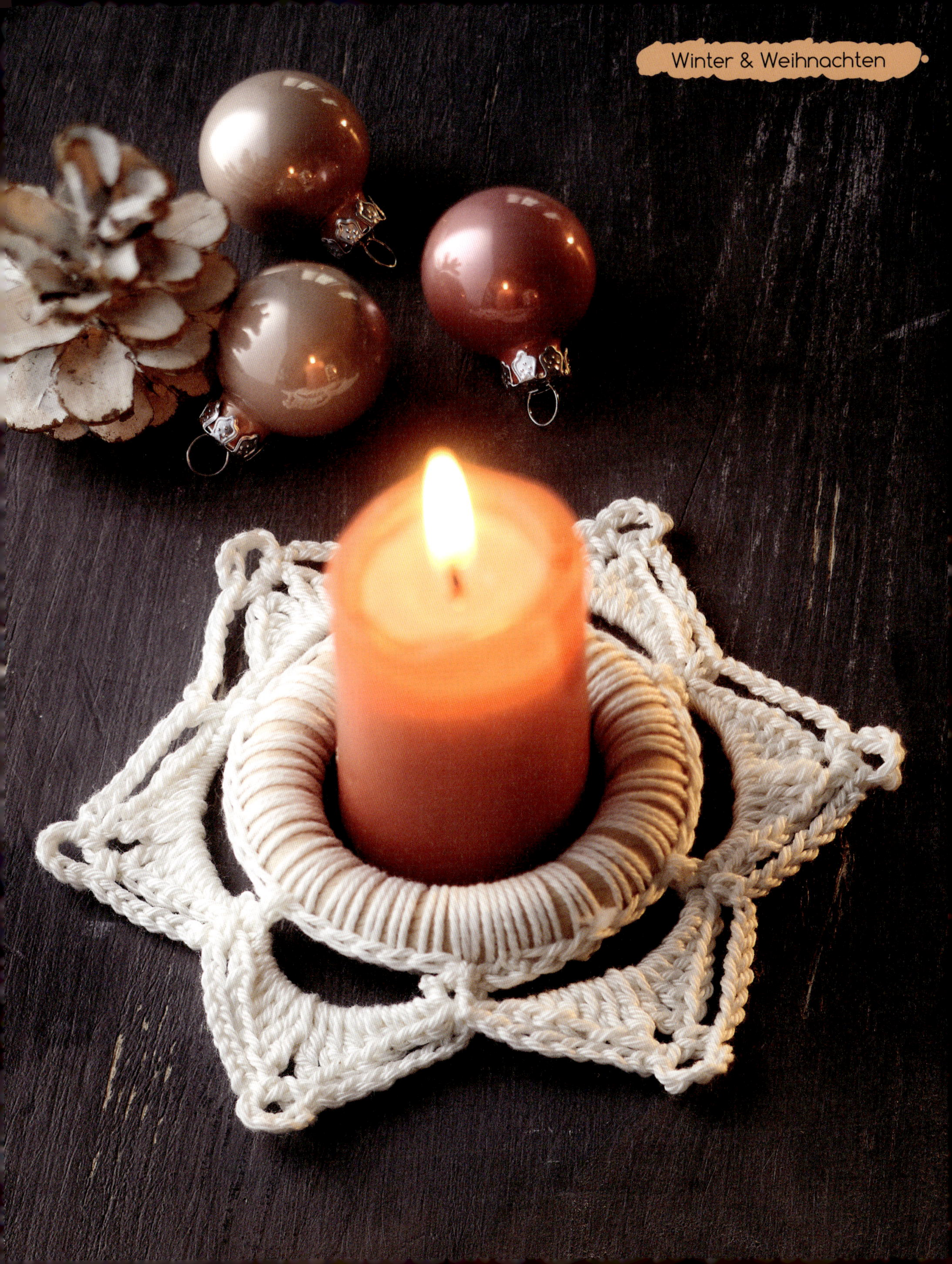

COSYNESS

Zarte Schneeflocke

GRÖSSE

ø 14 cm inkl. Fransen

MATERIAL

- Schachenmayr Catania (LL 125 m/50 g) in Natur (Fb 105), Rest
- Häkelnadel 2,75 mm
- Wollnadel

ANLEITUNG

Einen Magic Ring anfertigen.

1. Rd: 6 fM in den Ring häkeln und mit 1 Km schließen (= 6 M).

Weiter in geschlossenen Rd mit den angegebenen Steige-Lm häkeln.

2. Rd: 3 Steige-Lm (= 1 Stb), 1 Lm, (1 Stb, 1 Lm) in die selbe M. * (1 Stb, 1 Lm, 1 Stb, 1 Lm) in 1 M, ab * noch 10x wdh. Mit 1 Km schließen (= 24 M).

3. Rd: 3 Steige-Lm (= 1 Stb), * 1 Büschel-M aus 5 Stb in die nächste Lm, 3 Lm, ab * noch 11x wdh. Mit 1 Km schließen (= 48 M).

4. Rd: * 10 Lm, 1 fM in jede 2. Büschel-M der Vor-Rd, ab * noch 5x wdh. Mit 1 Km schließen (= 60 M).

5. Rd: * (2 fM, 2 hStb, 2 Stb, 1 DStb, 2 Lm, 1 DStb, 2 Stb, 2 hStb, 2 fM) in den Lm-Bogen, ab * noch 5x wdh. Mit 1 Km schließen (= 96 M).

Den Faden abschneiden, sichern und alle Fäden vernähen.

FERTIGSTELLEN

Für die Fransen 24 Fäden von ca. 15 cm Länge zuschneiden. Jeweils 2 Fäden in die Spitze jeder Zacke einknüpfen, mit einer Nd aufdröseln und zurechtschneiden. Die Schneeflocke spannen und ggf. mit etwas Wäschestärke einsprühen.

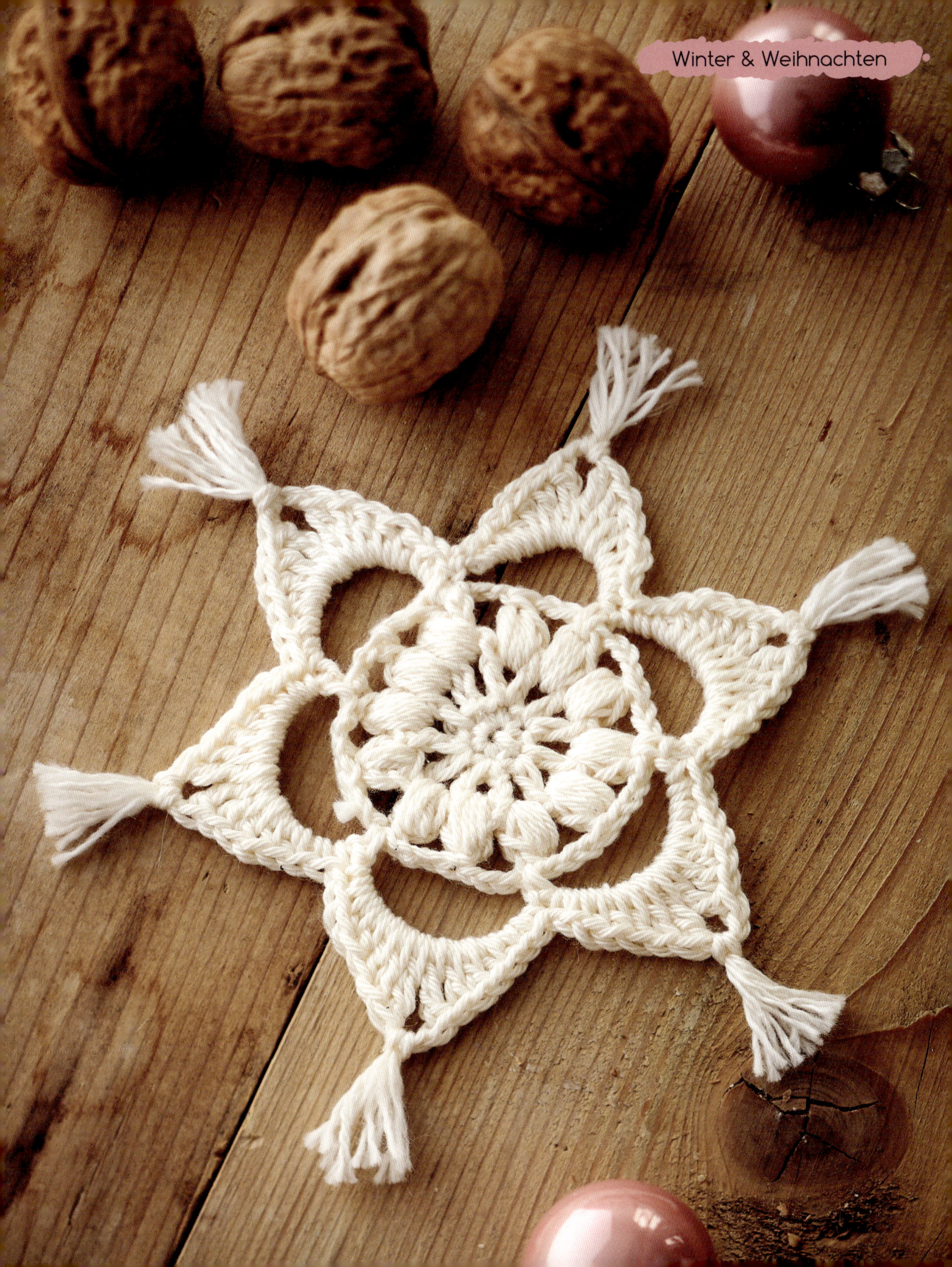

WINTRY

Festlicher Tannenbaum-Anhänger

GRÖSSE

17 cm ab Holzperle 1, inkl. Quaste

MATERIAL

- Schachenmayr Catania Grande (LL 63 m/50 g) in Natur (Fb 3105), Rest
- Häkelnadel 3,0 mm
- Holzperle, ø 1,5 cm
- Holzperle, ø 2 cm
- Wollnadel
- Holzspieß, 9 cm lang
- Sekundenkleber oder Holzleim

ANLEITUNG

Zuerst ein schmales Band häkeln. Hierfür 3 Lm anschl.

1. R: Ab der 2. Lm ab Nd 2 fM häkeln. Mit 1 Lm wenden.

Die 1. R fortlaufend wdh, bis das Band eine Länge von 40 cm hat. Den Faden mit ca. 35 cm Länge abschneiden, sichern und in eine Nd fädeln.

FERTIGSTELLEN

Das Band in Tannenbaumform in Schlaufen legen und auf einen Holzspieß stecken und bei Bedarf auf die passende Länge kürzen. Das Ganze mit ein paar Stichen fixieren. Am oberen Ende 1 Perle auffädeln, einen Aufhänger knoten und die Perle am Spieß festkleben. Faden vernähen

Eine Quaste von ca. 6 cm Höhe herstellen (siehe Seite 72) und aufdröseln. Den Aufhänger der Quaste durch die 2. Holzperle fädeln, dann zusammen auf den Holzspieß stecken und mit Sekundenkleber festkleben. Gut trocknen lassen und den überstehenden Faden abschneiden.

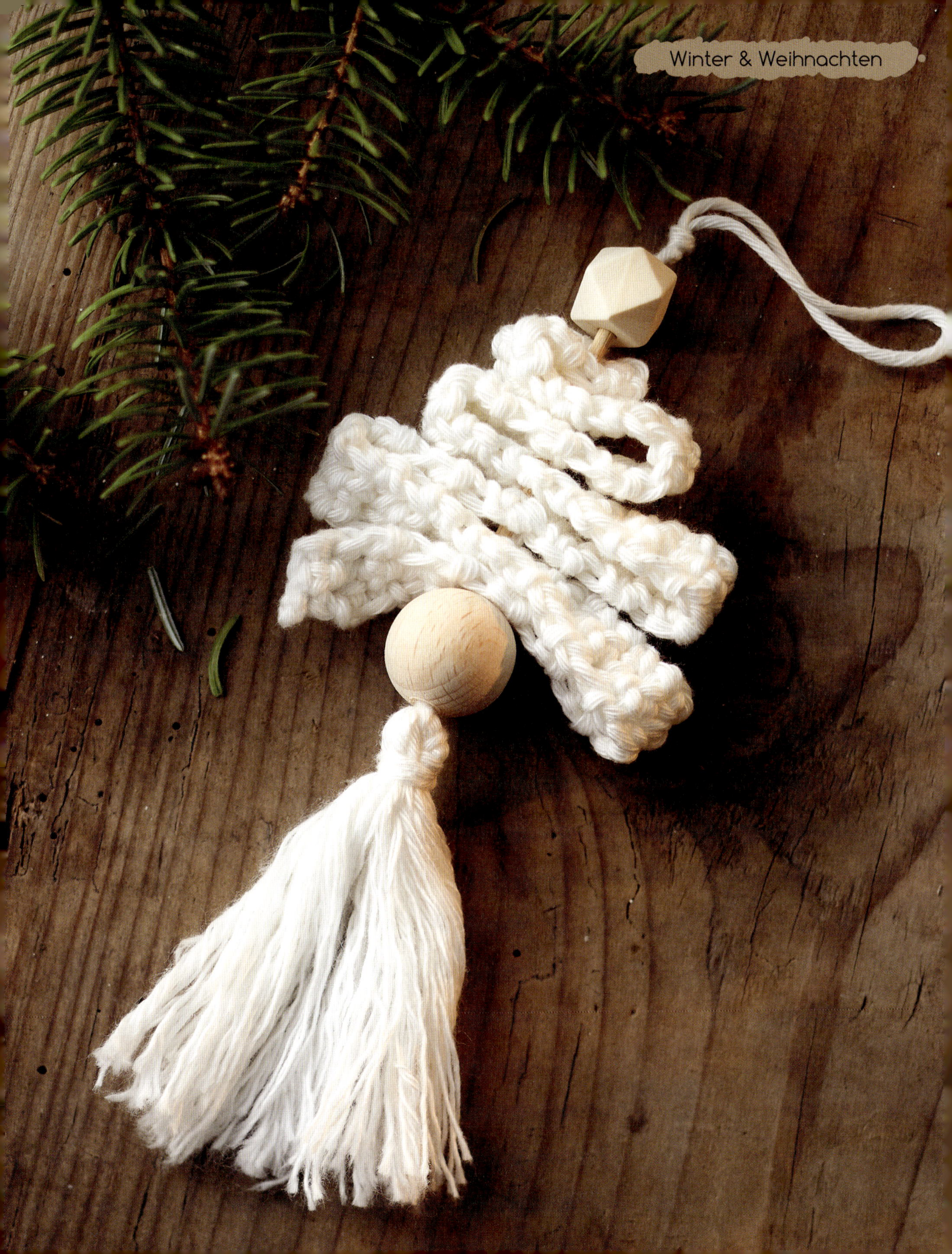

HOLY
Wachsamer Engel

GRÖSSE

15 cm

MATERIAL

- Schachenmayr Catania (LL 125 m/50 g) in Natur (Fb 105), Rest
- Schachenmayr Catania Grande (LL 63 m/50 g) in Natur (Fb 3105), Rest
- Häkelnadel 2,5 mm
- Holzperle, ø 2 cm
- Holzring, ø 4 cm
- Wollnadel
- Sekundenkleber oder Holzleim

ANLEITUNG

Mit dem dünnen Garn am Holzring anschlingen, diesen dicht und gleichmäßig mit fM umhäkeln und die letzte M mit der 1. M mit 1 Km verbinden. Den Faden lang abschneiden und sichern.

Dieses Fadenende in die Wollnd fädeln und damit die Holzperle auffädeln. Die Perle in der Mitte des Rings positionieren und festhalten. Die Wollnd auf der gegenüberliegenden Seite zwischen Holzring und fM hindurchstechen. Dann den Faden um den Holzring herumführen und von oben wieder durch die Perle stechen. Nd und Faden ebenso zwischen Holzring und fM am Anfang des Fadens befestigen und dabei den Faden mit der Perle gut straffen. Den Faden abschneiden und vernähen.

Für die Quaste aus dem dickeren Garn ca. 10 Fäden mit einer Länge von 20 cm abschneiden. Links und rechts vom Faden, der die Kugel in der Mitte hält, jeweils 5 Fäden über den Ring legen und mit einem weiteren Faden die Quaste umwickeln. Nach Wunsch die Enden mit einem Kamm ausbürsten.

Für den 1. Flügel in der 10. M rechts der oberen Mitte mit dem dünneren Garn anschlingen. Dann 1 fM, 1 hStb, 2 Stb, 2 DStb, 2 Dreifach-Stb häkeln. Den Faden abschneiden und sichern. Den 2. Flügel gegengleich auf der anderen Seite des Rings häkeln. Die Fäden vernähen.

Für die seitlichen Fransen aus dem dünneren Garn 8 Stränge von 15 cm Länge zurechtschneiden, jeweils 4 Fransen in das letzte Dreifach-Stb der Flügel einknüpfen und auf die gewünschte Länge trimmen.

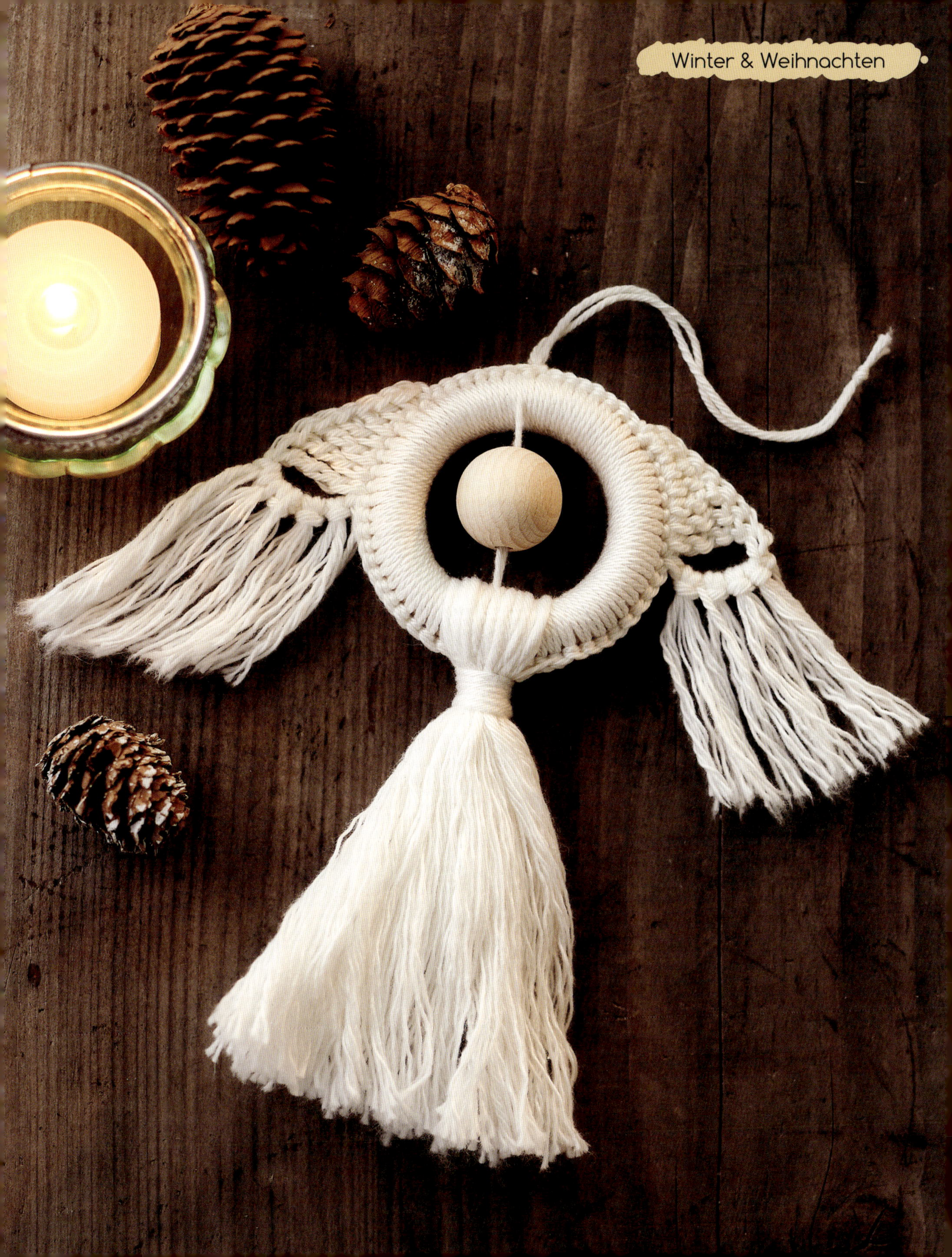

ILLUMINATED

Eleganter Wandstern

GRÖSSE
Stern ca. 35 cm hoch,
ca. 33 cm breit

MATERIAL
- Schachenmayr Catania Grande (LL 63 m/50 g) in Natur (Fb 3105), 50 g
- Häkelnadel 2,75 mm
- Basteldraht, ø 1 mm, ca. 120 cm lang
- Holzperle, ø 1,5 cm
- Zange
- Wollnadel

ANLEITUNG

Zunächst den Draht mit Hilfe der Zange in eine Sternform biegen. Sobald alle Zacken gearbeitet sind, die Enden des Drahts ein wenig überstehend abschneiden, miteinander verdrehen und damit die Form schließen.
An einer Spitze anschlingen, den Stern dicht mit fM umhäkeln, bis das Drahtgerüst nicht mehr zu sehen ist. Mit 1 Km die letzte M und die 1. M verbinden. Den Faden mit 30 cm Länge abschneiden und sichern.

FERTIGSTELLEN

Am Fadenende die Holzperle und den Holzring als Aufhängung anbringen. Den Faden vernähen. 5 Quasten von ca. 10 cm Länge anfertigen und mit Fäden unterschiedlicher Länge am Stern befestigen.

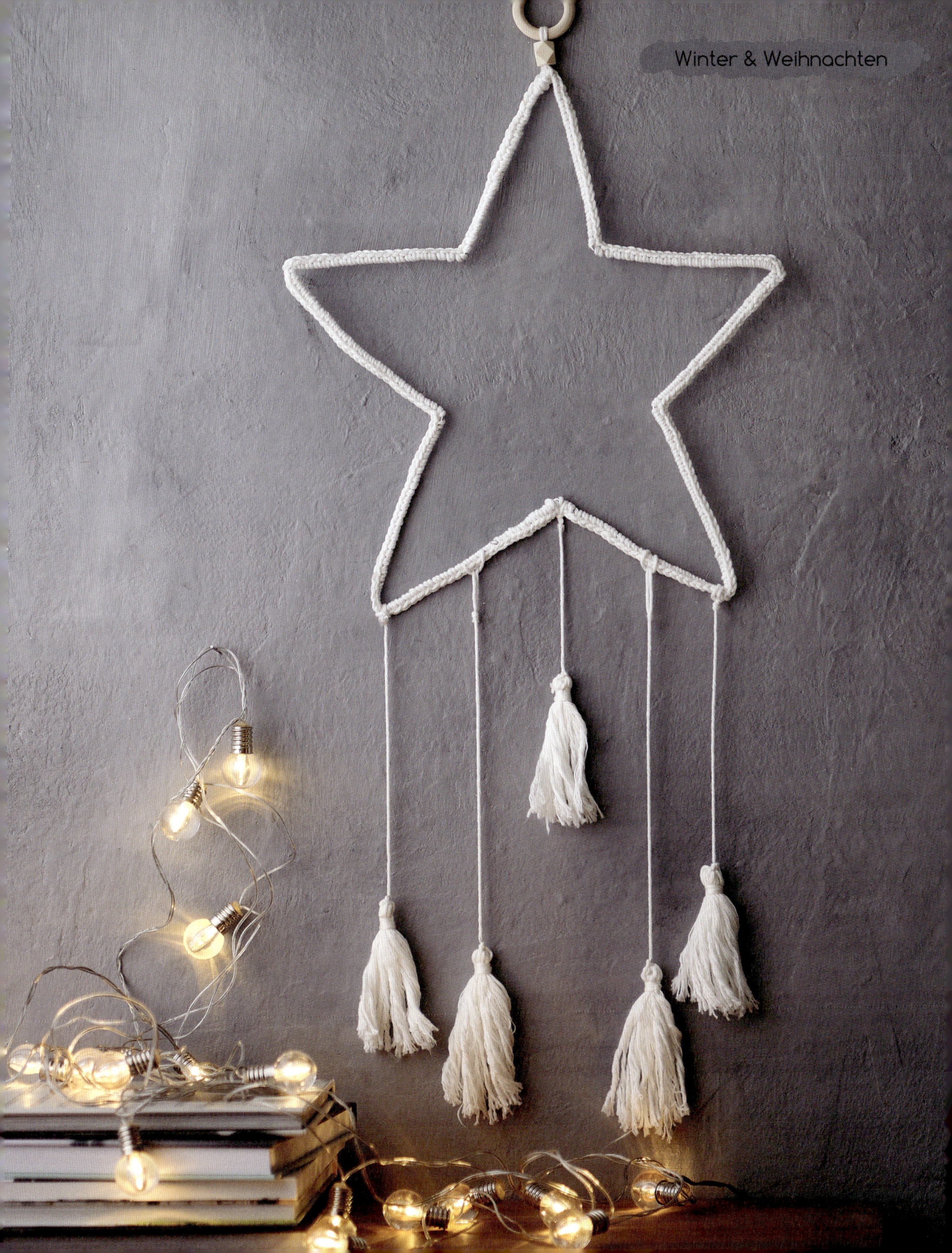

STÄBCHEN BZW. DOPPELSTÄBCHEN VERKREUZEN

1 Stäbchen in die übernächste Masche der Vorreihe häkeln, dann 1 Stäbchen zurück in die übergangene Masche häkeln, dabei wird der Maschenhals des zuvor gehäkelten Stäbchens umfasst. Den Faden durchholen und das Stäbchen wie gewohnt abmaschen.

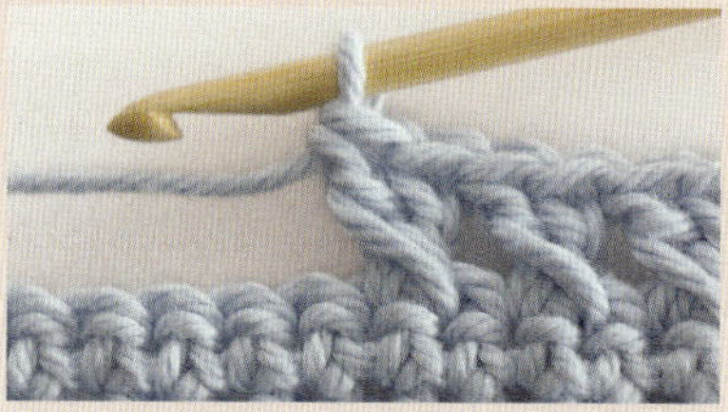

Nach dieser Methode können auch Doppel- oder Dreifach-Stäbchen verkreuzt werden.

RELIEF-HALBE STÄBCHEN VON VORNE

1 Umschlag auf die Nadel nehmen, die Nadel von vorne nach hinten und wieder nach vorne um das folgende halbe Stäbchen so einstechen, dass der Stäbchen-Hals vor der Häkelnadel liegt. Den Faden holen und das halbe Stäbchen wie gewohnt beenden.

POPCORN-MASCHE

1 Für ein Popcorn in einer Hinreihe z.B. 5 Stäbchen in dieselbe Einstichstelle häkeln. Jedes Stäbchen einzeln abmaschen.

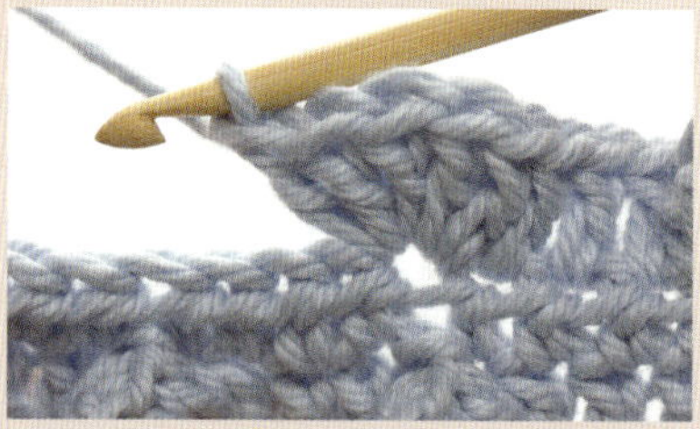

2 Nun die Nadel aus der Arbeitsschlinge ziehen, zurückgehen zum 1. Stäbchen und von vorne nach hinten in dieses Stäbchen einstechen.

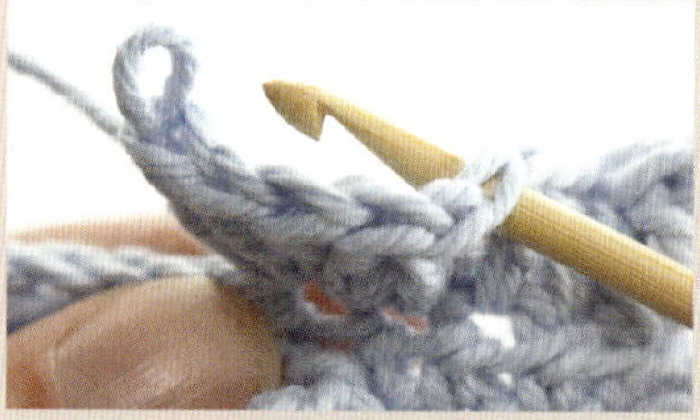

3 Mit der Nadel die Arbeitsschlinge wieder fassen und durch das Stäbchen ziehen. Die 5 Stäbchen ziehen sich am oberen Rand zusammen.

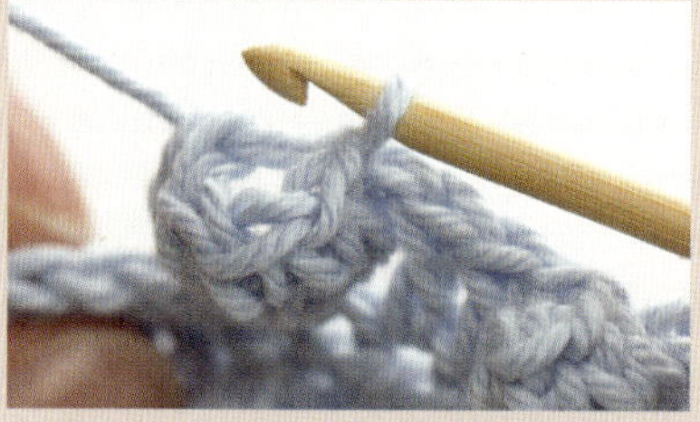

4 Das fertige Popcorn wölbt sich stark plastisch nach vorne.

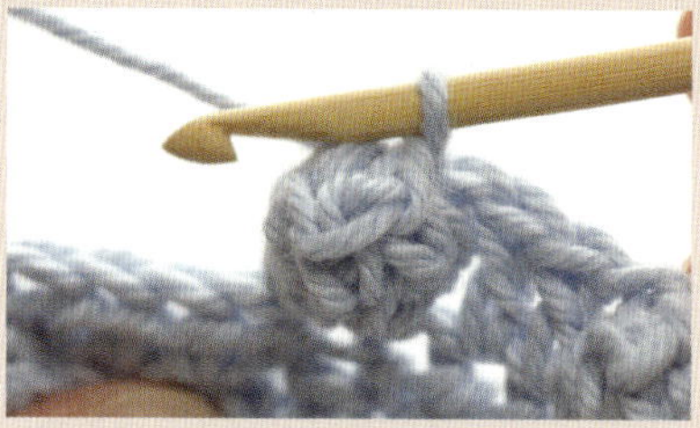

5 Die Popcornmasche durch 1 fest gehäkelte Luftmasche fixieren.

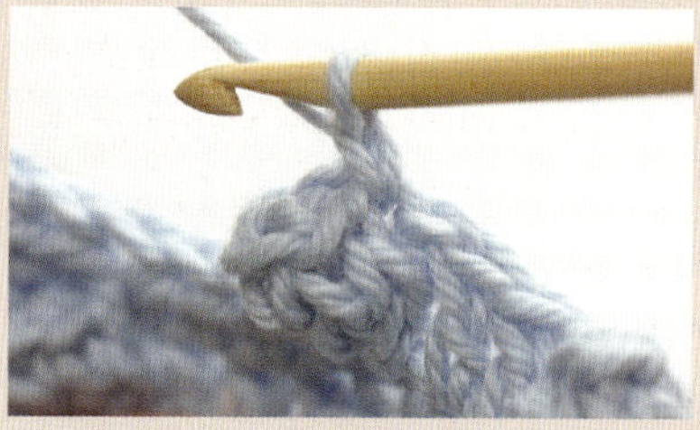

In der nächsten Rückreihe die Luftmasche als 1 Masche behäkeln, das Popcorn zählt als 1 Masche.

BÜSCHELMASCHE

1 Für eine Büschelmasche aus einfachen Stäbchen ein Stäbchen bis auf die letzten 2 Schlingen abmaschen.

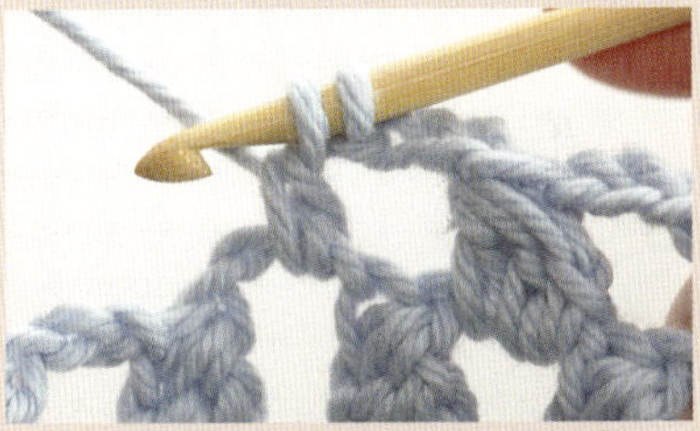

2 Alle weiteren benötigten Stäbchen ebenso bis auf die letzte Schlinge abmaschen. Es liegen nun für jedes Stäbchen 1 Schlinge und die Arbeitsschlinge auf der Nadel.

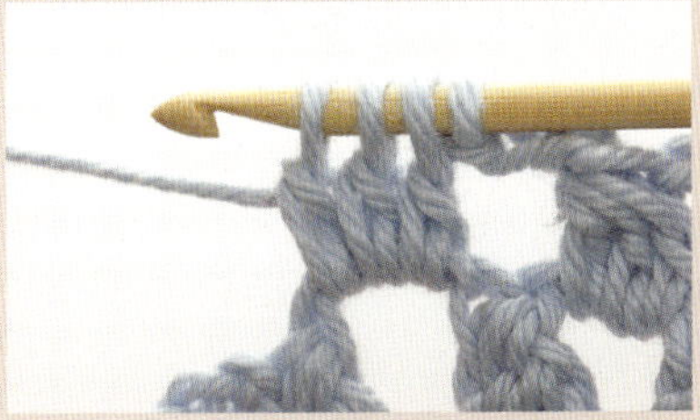

3 Nun mit einem neuen Umschlag den Faden durch alle auf der Nadel befindlichen Schlingen ziehen.

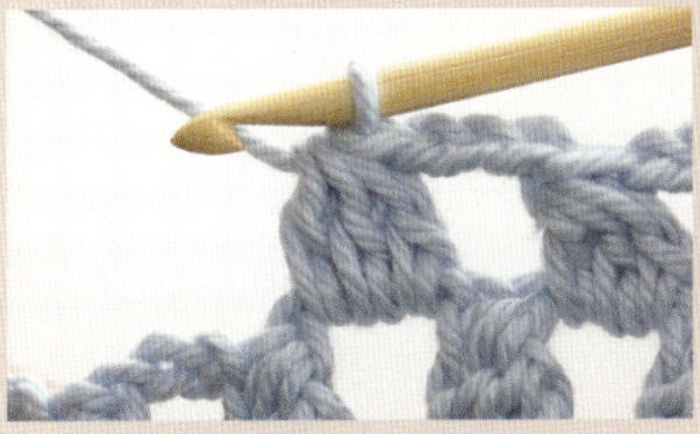

Die Maschen laufen oben zusammen.

FARBWECHSEL INNERHALB EINER REIHE

Das wesentliche Merkmal des Farbwechsels ist, dass der Wechsel zur neuen Farbe bereits bei der letzten Masche in der alten Farbe erfolgt. Diese letzte Masche wird im letzten Schritt bereits mit der neuen Farbe abgemascht. Bei festen Maschen die 2 auf der Nadel liegenden Schlingen mit der neuen Farbe abmaschen, ein Stäbchen wird bis auf die letzten 2 Schlingen abgemascht, danach mit der neuen Farbe beendet.

FADEN HINTER DER ARBEIT MITFÜHREN

Bei einem kleinen Musterrapport, der sich innerhalb einer Reihe oft wiederholt und dessen Farbstrecken maximal über 5 Maschen reichen, kann der gerade nicht benötigte Faden lose bis zum nächsten Farbwechsel gespannt werden. In Hinreihen liegen die Fäden hinter der Arbeit, in Rückreihen liegen die Fäden vor der Arbeit. So ist auf der Vorderseite nichts zu sehen.

Nach dem 1. Farbwechsel in der 1. Hinreihe das Fadenende der neuen Farbe über den Luftmaschenanschlag legen und mit den nächsten 4-6 Maschen einhäkeln. Das noch überstehende Fadenende abschneiden. Den nicht benötigten Faden der anderen Farbe auf die Rückseite legen.

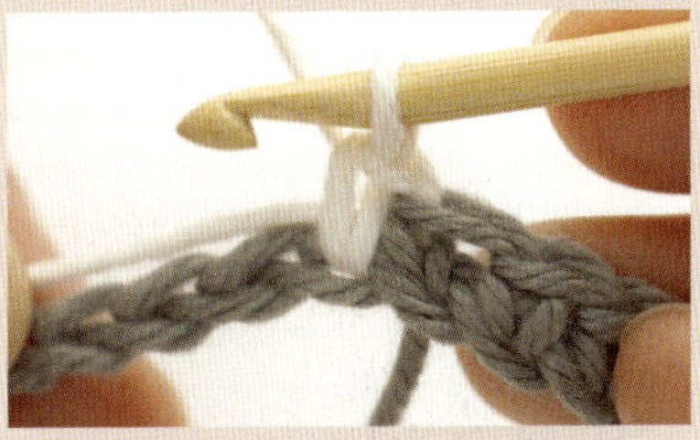

In allen Hinreihen vor einem Farbwechsel den Faden in der alten Farbe hinter dem Häkelteil nach unten legen, dann den Faden in der neuen Farbe aufnehmen und den Farbwechsel ausführen. Diese Reihenfolge in allen Reihen beibehalten, damit auch die Rückseite des Häkelteils gleichmäßig aussieht.

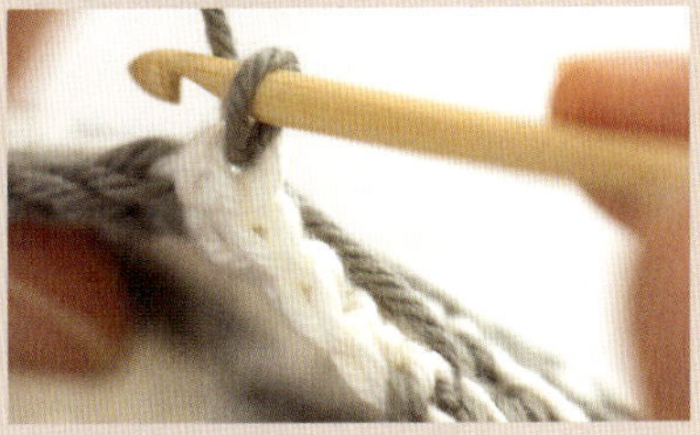

In den Rückreihen nach einem Farbwechsel den Faden in der alten Farbe nach vorne legen und mit dem Daumen der linken Hand festhalten, bis die 1. Masche in der neuen Farbe gehäkelt ist.

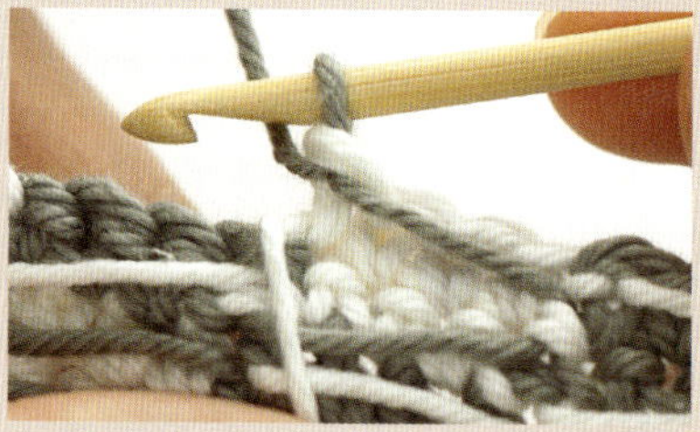

FRANSEN

Aus Pappe ein Rechteck zuschneiden, das 2 cm höher als die Länge der gewünschten Fransen ist. Die Pappe gleichmäßig und nicht zu fest mit dem Garn umwickeln.
Die umwickelten Fäden am unteren Rand aufschneiden und die doppelt liegenden Fäden vorsichtig von der Pappe nehmen. Mit der passenden Häkelnadel am Rand des Häkelstücks einstechen, den doppelten Faden mittig fassen und durchziehen, sodass eine Schlinge entsteht. Die Fadenenden durch die Schlinge ziehen und vorsichtig anziehen.
Zuletzt alle Fransen auf die gleiche Länge schneiden.

QUASTE

Ein Stück Pappe in der Höhe der gewünschten Quastenlänge zuschneiden. Das Garn mehrere Male darum wickeln und mit einem zusätzlichen Faden von ca. 25 cm Länge oben abbinden.
Die Schlaufen unten aufschneiden und die aufgeschnittenen Enden eng zusammenlegen. Die Quaste ca. 1 cm unterhalb der Abbindung mit Garn einige Male fest umwickeln und den Faden verknoten.
Zum Sichern die Fadenenden mit der Wollnadel durch die Umwicklung nach unten ziehen und auf die Länge der anderen Fäden kürzen.

POMPON

Zwei gleich große, runde Scheiben aus fester Pappe ausschneiden. In die Mitte eine kleinere runde Öffnung schneiden. Je größer die Öffnung, desto dichter wird später der Pompon.
Ein langes Stück Garn abschneiden und mehrfach legen. Die Pappringe aufeinanderlegen und mit dem Garn umwickeln. Dabei kann zuerst eine Häkelnadel benutzt werden. Wenn das Loch kleiner wird, das Garn in eine Wollnadel fädeln. Weiterwickeln bis das Loch geschlossen ist und die Pappringe dick umwickelt sind.
Nun die Wicklungen zwischen den beiden Pappringen rundherum aufschneiden. Einen langen Faden abschneiden, zwischen den Pappringen um den Pompon wickeln und fest verknoten.
Die Pappringe vorsichtig aufschneiden und entfernen. Den Pompon in Form schneiden.

FEDERN

GRÖSSE

Kleine Feder 9 cm x 3,5 cm
Große Feder 12 cm x 4 cm

MATERIAL

- Schachenmayr Tahiti (LL 280 m/ 50 g) in Sahara (Fb 7622) und Soft Pop (Fb 7624), je 50 g
- Häkelnadel 3,5 mm
- Wollnadel

KLEINE FEDER

9 Lm anschl. Wenden (= unteres Ende des Stiels), 5 Km arb (= untere Mitte), 4 Lm anschl. Nun weiter in R häkeln. In den Hinr in die hinteren M-Glieder, in den Rückr in die vorderen M-Glieder häkeln.

1. R: 3 Steige-Lm, 2 Stb in dieselbe M, 3 Stb zusammen abmaschen, 1 DStb in die Mitte des Stiels, 3 Stb zusammen abmaschen, 3 Stb in 1 M (= 9 M).

2. R: 3 Steige-Lm, 2 Stb in dieselbe M, 3 Stb zusammen abmaschen, 1 Dreifach-Relief-Stb vorne (= Mitte), 3 Stb zusammen abmaschen, 3 Stb in 1 M (= 9 M).

3.-6. R: Die 1. und 2. R noch 2x wdh, dabei in der Mitte immer 1 Dreifach-Relief-Stb von vorne arb.

7. R: 3 Steige-Lm, 1 Stb in dieselbe M, 3 Stb zusammen abmaschen, 1 Dreifach-Relief-Stb vorne (= Mitte), 3 Stb zusammen abmaschen, 2 Stb in 1 M (= 7 M).

8. R: 3 Steige-Lm, 2 Stb zusammen abmaschen, 1 Dreifach-Relief-Stb vorne (= Mitte), 2 Stb zusammen abmaschen, 1 Stb (= 5 M).

9. R: 3 Steige-Lm mit 1 Stb zusammen abmaschen, 1 Dreifach-Stb, 2 Stb zusammen abmaschen (= 3 M).

Den Faden trennen, durchziehen und vernähen.

GROSSE FEDER

10 Lm anschl. Wenden (= unteres Ende des Stiels), 5 Km arb (= untere Mitte), 5 Lm anschl. Nun weiter in R häkeln. In den Hinr in die hinteren M-Glieder, in den Rückr in die vorderen M-Glieder häkeln.

1. R: 3 Steige-Lm, 2 Stb in dieselbe M, 1 Stb, 3 Stb zusammen abmaschen, 1 DStb in die Mitte des Stiels, 3 Stb zusammen abmaschen, 1 Stb, 3 Stb in 1 M (= 11 M).

2. R: 3 Steige-Lm, 2 Stb in dieselbe M, 1 Stb, 3 Stb zusammen abmaschen, 1 Dreifach-Relief-Stb von vorne (= Mitte), 3 Stb zusammen abmaschen, 1 Stb, 3 Stb in 1 M (= 11 M).

3.-6. R: Die 1. und 2. R noch 2x wdh, dabei in der Mitte immer 1 Dreifach-Relief-Stb von vorne arb.

7. R: Wie die 1. R häkeln, dabei in der Mitte 1 Dreifach-Relief-Stb von vorne arb.

8. R: 3 Steige-Lm, 1 Stb in dieselbe M, 1 Stb, 3 Stb zusammen abmaschen, 1 Dreifach-Relief-Stb von vorne, 3 Stb zusammen abmaschen, 1 Stb, 2 Stb in 1 M (= 9 M).

9. R: 3 Steige-Lm, 1 Stb in dieselbe M, 1 Stb, 2 Stb zusammen abmaschen, 1 Dreifach-Relief-Stb von vorne, 2 Stb zusammen abmaschen, 1 Stb, 2 Stb in 1 M (= 9 M).

10. R: 3 Steige-Lm, 1 Stb, 2 Stb zusammen abmaschen, 1 Dreifach-Relief-Stb von vorne, 2 Stb zusamen abmaschen, 2 Stb (= 7 M).

11. R: 3 Steige-Lm mit 2 Stb zusammen abmaschen, 1 Dreifach-Stb, 3 Stb zusammen abmaschen (= 3 M).

Den Faden trennen, durchziehen und vernähen.

BUCHEMPFEHLUNGEN FÜR DICH

Noch mehr kreative Bücher zum gleichen Thema gesucht?

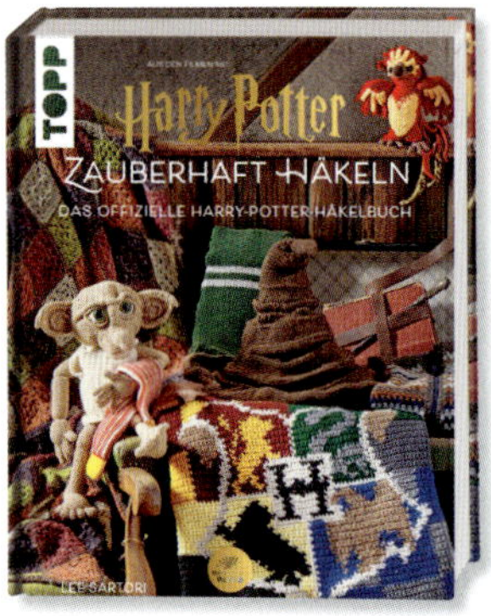

ISBN 978-3-7724-4866-9

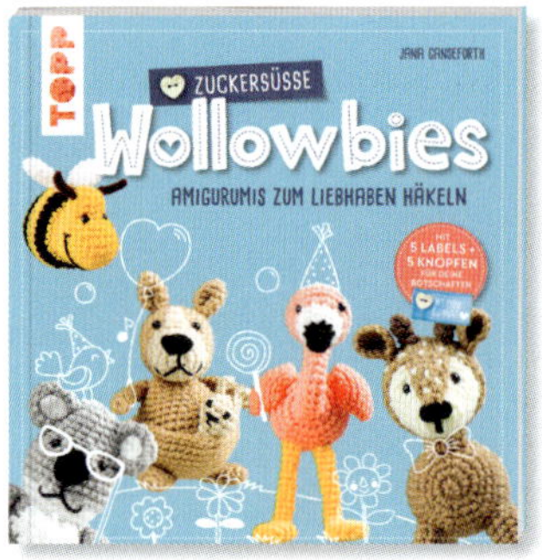

ISBN 978-3-7724-4878-2

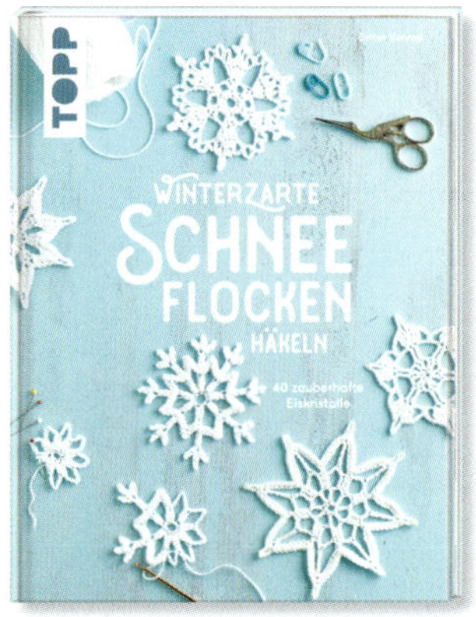

ISBN 978-3-7724-4894-2

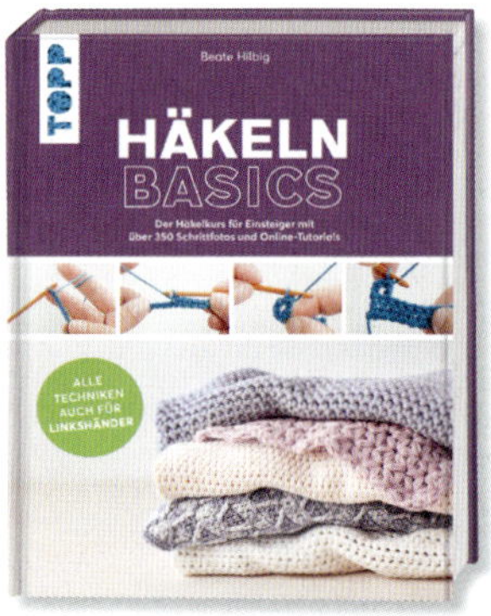

ISBN 978-3-7724-4891-1

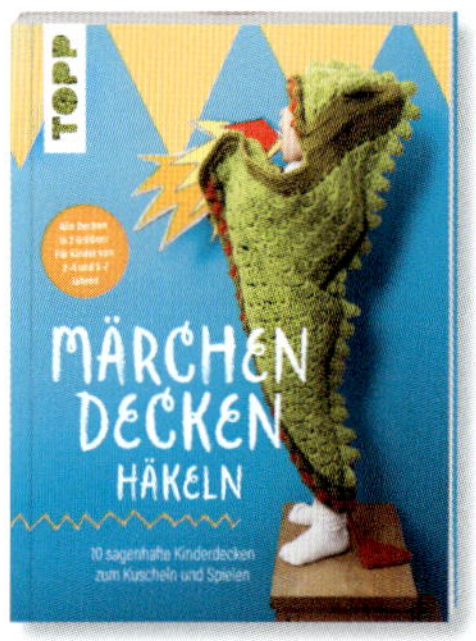

ISBN 978-3-7724-4876-8

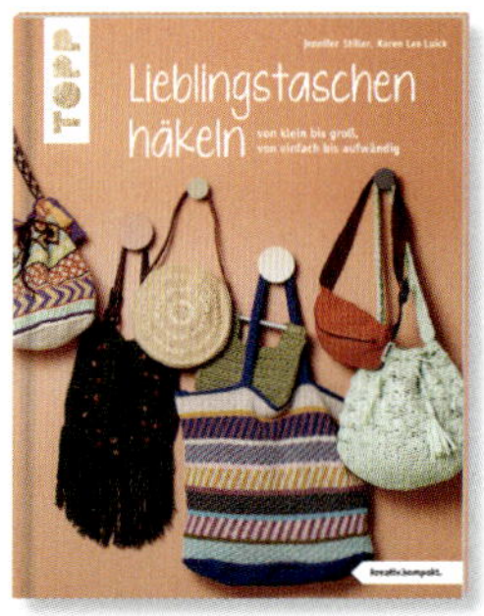

ISBN 978-3-7724-6851-3

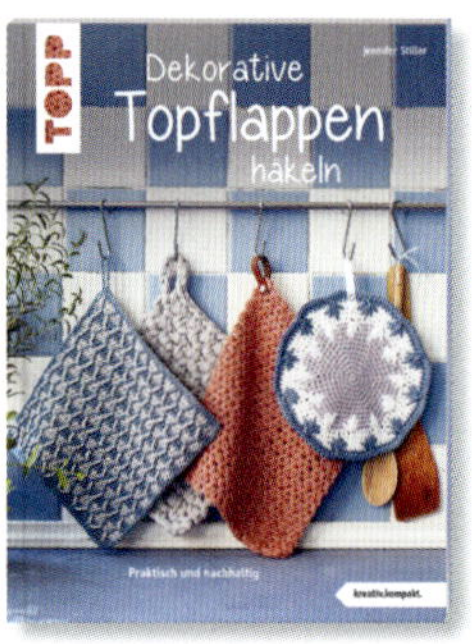

ISBN 978-3-7724-6854-4

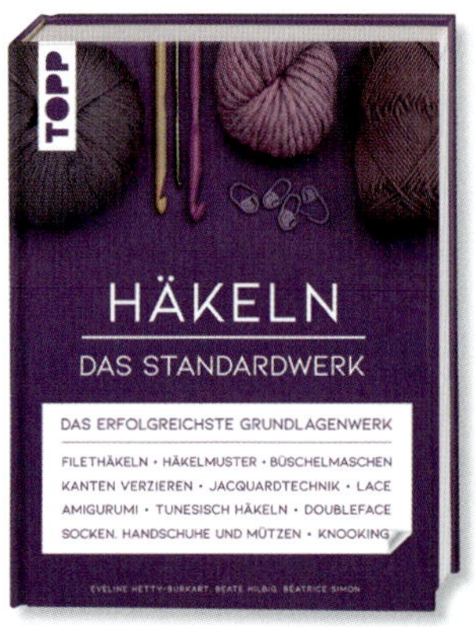

ISBN 978-3-7724-4885-0

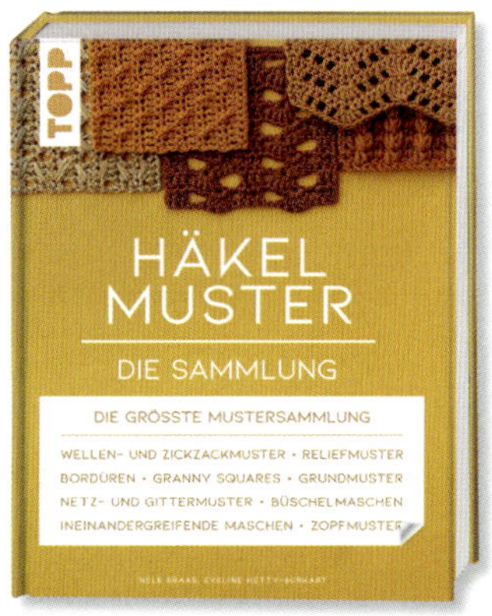

ISBN 978-3-7724-4887-4

Noch mehr Kreativ-Bücher findest du auf www.TOPP-kreativ.de

#TOPPPROJEKT

Die eigene Kreativität zeigen: TOPPprojekt mit anderen Kreativen teilen und Teil der Gemeinschaft werden.

DIY-begeistert und auf Instagram? Dann unbedingt mitmachen! Hier gibt's Tipps und Feedback zu den eigenen Projekten. Außerdem verlosen wir jeden Monat ein Überraschungspaket. Um am Gewinnspiel teilzunehmen, einfach ein Bild vom Kreativ-Projekt aus unseren Büchern mit #TOPPprojekt posten und unserem Account @frechverlag folgen. Mehr Infos auf TOPP-kreativ.de/TOPPprojekt

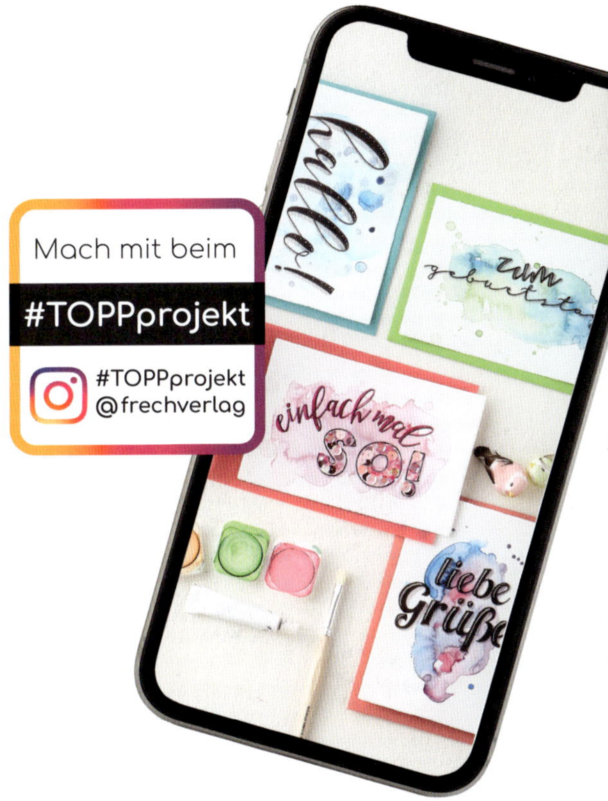

Webseite

Auf TOPP-kreativ.de gibt es ein riesiges Angebot von über 1.000 Kreativbüchern, Sets und mehr zu entdecken.

Newsletter

Immer als Erstes von unseren Neuheiten und Sonderaktionen erfahren: TOPP-kreativ.de/newsletter

Instagram

@frechverlag

Pinterest

pinterest.com/frechverlag

Facebook

facebook.com/frechverlag

DigiBib

Hier gibt es zusätzlich zu einigen unserer Bücher digitale Extras, wie Video-Tutorials, Plotter-Dateien, Vorlagen, Übungsblätter und vieles mehr. Einfach im Impressum eines TOPP-Buchs nachschauen, ob dort ein Code vorhanden ist, und exklusive Inhalte freischalten. TOPP-kreativ.de/digibib

Youtube

youtube.com/frechverlag

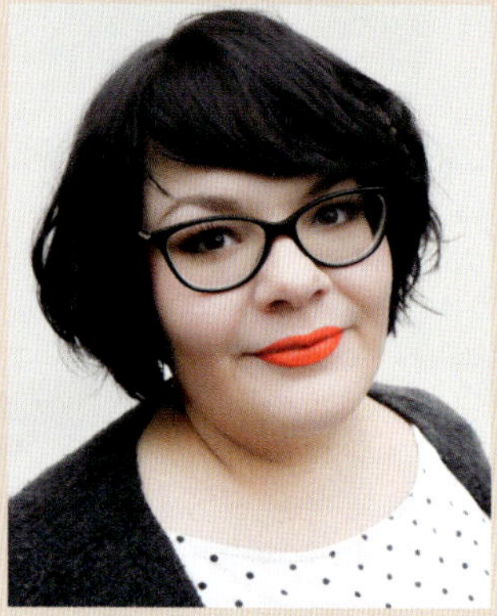

Jasmin Konrad ist nicht nur häkelbegeistert, sondern hat auch eine große Schwäche für hochwertige Garne und wissenschaftliches Arbeiten. Dass das ganz gut harmoniert, zeigt sich auf ihrem Blog Mein gehäkeltes Herz (Instagram: meingehaekeltesherz, Facebook: meingehaekeltesherz), wo sie nicht nur verschiedene Häkelanleitungen veröffentlicht, sondern sich auch intensiv mit Fragen zum Material oder zur Herstellung von Garnen auseinandersetzt.

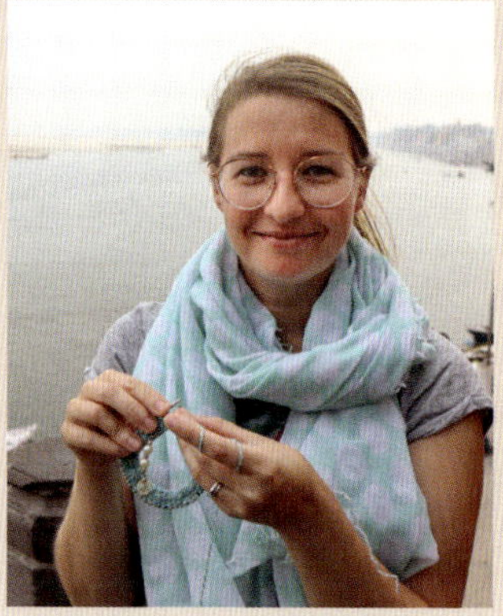

Fanny Mitula ist eine Weltenbummlerin. Sie liebt Wolle und das Reisen. Bereits in ihrer Kindheit zeigte ihr die Oma, wie man Luftmaschen häkelt. Die große Liebe zur Wolle und Handarbeit entwickelte sich allerdings erst in den letzten Jahren. Handarbeiten ist ihr ganz persönliches Gehirnyoga. Fanny Mitula ist ständig von Fernweh geplagt und hat bei ihren Reisen immer eine Tasche voll Wolle dabei. Auf ihrem Blog und Instagram-Account @yarnaroundtheworld berichtet sie über Ideen mit Wolle sowie Reisen und Ausflüge.

ABKÜRZUNGEN

anschl = anschlagen
arb = arbeiten
DStb = Doppelstäbchen
Dreifach-Stb = Dreifach-Stäbchen
Fb = Farbe(n)
fM = feste Masche(n)
Häkelnd = Häkelnadel
hStb = halbe(s) Stäbchen
Km = Kettmasche(n)
LL = Lauflänge
Lm = Luftmasche(n)
M = Masche(n)
Nd = Nadel(n)
R = Reihe(n)
Rd = Runde(n)
Stb = Stäbchen
wdh = wiederholen

KREATIVSERVICE

Hilfestellung zu allen Fragen, die Materialien und Bücher zu kreativen Hobbys betreffen:
Frau Erika Noll berät Sie. Rufen Sie an oder schreiben Sie eine E-Mail!
Telefon: 0711/12 37 57 20* *normale Telefongebühren
E-Mail: mail@kreativ-service.info

DANKE!

Wir danken den Firmen MEZ GmbH (www.schachenmayr.de), Buttinette Textil-Versandhaus GmbH (www.buttinette.de) und myboshi GmbH (www.myboshi.net) für die Unterstützung bei diesem Buch

IMPRESSUM

MODELLE: Jasmin Konrad (S. 36-39, 48-50, 54-69); Karen Lee Luick (S. 12-13, 30-35); Fanny Mitula (S. 14-27, 40-47, 51-53)

FOTOS: frechverlag GmbH, 70499 Stuttgart, lichtpunkt, Michael Ruder, Stuttgart

PRODUKTMANAGEMENT: Mareike Upheber

LEKTORAT: Petra Puster, Pöcking

COVERGESTALTUNG: Tatjana Weiß

LAYOUT UND GESTALTUNG: Petra Theilfarth

DRUCK UND BINDUNG: Livonia Print SIA, Lettland

2. Auflage 2021

ISBN 978-3-7724-4895-9 • Best.-Nr. 4895